国家社会科学基金教育学青年课题研究成果

《生态学视角下残疾儿童家庭教养与支持》(CHA170264)

特殊儿童家庭适应与服务模式探索

苏　慧　著

重庆大学出版社

图书在版编目(CIP)数据

特殊儿童家庭适应与服务模式探索 / 苏慧著 . -- 重庆 : 重庆大学出版社, 2023.7
(特殊儿童教育康复学术专著)
ISBN 978-7-5689-3997-3

Ⅰ.①特… Ⅱ.①苏… Ⅲ.①儿童教育—特殊教育—家庭生活—研究 Ⅳ.①G76

中国国家版本馆 CIP 数据核字(2023)第 119476 号

特殊儿童家庭适应与服务模式探索

苏 慧 著

责任编辑:陈 曦　　版式设计:陈 曦
责任校对:关德强　　责任印制:张 策

*

重庆大学出版社出版发行
出版人:饶帮华
社址:重庆市沙坪坝区大学城西路 21 号
邮编:401331
电话:(023)88617190　88617185(中小学)
传真:(023)88617186　88617166
网址:http: / / www. cqup. com. cn
邮箱:fxk@ cqup. com. cn(营销中心)
全国新华书店经销
重庆巍承印务有限公司印刷

*

开本:889mm × 1194mm　1/32　印张:8.25　字数:180 千
2023 年 7 月第 1 版　2023 年 7 月第 1 次印刷
ISBN 978-7-5689-3997-3　定价:68.00 元

本书如有印刷、装订等质量问题,本社负责调换

前　言

　　家是一个人生活的港湾,家庭为个体的发展提供所需的物质和精神保障;家是社会的基本单位,不同大小、不同形式的家庭组成了多元的社会。家庭功能的完善无论对个体还是社会的健康发展都至关重要。我国0~14岁特殊儿童有387万,大多由家庭照顾。这些家庭承担着比普通家庭更多的经济、教育、精神方面的压力和风险。以往的研究者常常采取医疗缺陷视角关注特殊儿童家庭的"缺陷",认为特殊儿童家庭适应的过程便是家庭应对压力的过程,特殊儿童个体往往被认为是造成家庭压力的主要来源。之后的研究者从生态学视角提出特殊儿童家庭适应与普通儿童家庭适应无异,均是建立和维持有意义的家庭常规,不再认为特殊儿童是家庭困境的制造者,而是关注社会的、文化的环境对家庭适应的影响。

　　社会支持是影响特殊儿童家庭适应的核心要素。自新中国成立后在保障特殊儿童及家庭权益方面取得了巨大成就,特殊儿童家庭的社会支持体系逐渐完善。但是大量研究依然发现特殊儿童家长对现有的社会支持的满意度较低,家庭对信息、照料、经济、精神等方面多样化的需求亟待满足。目前我国学者对特殊儿童家庭支持的研究集中在"支持什么"方面,即支持的内容和功能,缺少对"如何支持",即支持模式和方式的关注。家庭中心服务模式是当前国际上普遍认可的特殊儿童及家庭支持的最佳实践,也成为国际发展趋势。家庭中心服务模式强调支持和强化家庭能力以促进儿童的发展,其核心要素包括建立家长与专业人员平等的合作关系、尊重家庭选择、以家庭为关注单位、强调家庭优势,以及根据家庭需要提供个别化服务等。我国研究者对家庭中心服务模式的研究尚停留在国际经验介绍和理论探讨方面,缺少实证研究。

根据生态文化理论,特殊儿童家庭适应和支持的研究需扎根于我国社会文化土壤。在文化方面,我国深受儒家思想影响,崇尚"鳏寡孤独皆有所养"的大同社会,以及"家和万事兴"的家本位观念,这些理念深刻地影响着特殊儿童及其家庭的生存环境。在社会发展方面,我国是发展中国家,人口众多,地区发展不平衡,这些因素也制约着特殊儿童家庭支持保障体系的建立和完善。因此本研究从生态文化理论视角,探讨我国的社会文化环境背景下特殊儿童家庭适应,以及家庭中心服务模式在我国实施的必要性和可行性等问题。希望本研究成果可以为特殊儿童家庭研究提供新的理论视角,为特殊儿童家庭支持体系的完善提供有价值的指导和帮助。

本书的出版得到重庆大学出版社的鼎力相助,在此表示衷心的感谢。感谢我的学生刘金霞、高雅倩、易雅丽、王静、公海玲、汪萌等为本书所做的大量工作。因作者水平有限,书稿难免有不完善之处,恳请专家同行与读者批评指正。

苏慧

2023 年 7 月

目 录

第一章 绪论

个体在家庭中出生,并在家庭中成长。"家是人生永远离不开的一个场所,是人生最重要、最温馨的一个港湾"(朱永新,2020)。家庭为个体的生存和发展提供了物质的、精神的基础和保障,熏陶和启迪着个体的意志品质、礼仪道德、人生理想、性格特征、兴趣爱好等各个方面。家庭是组成社会的基本单位,不同大小和形式、文化背景、社会经济地位、地理位置等的家庭组成了多元化的社会。家庭的发展关乎社会的发展,家庭所培养出的人的素质决定着社会的公民的素质。根据2006年全国残疾人抽样调查,我国有残疾人8296万,这些残疾人背后是几千万个家庭,这些家庭承担着比普通家庭更多的照料、教育和经济的压力。其中,特殊儿童家庭更需要得到社会的关注,更需要完善的、个性化的社会支持服务,才能更好地履行家庭在促进特殊儿童个体发展以及整个社会发展的功能。

第一节 研究缘起

家庭承担着特殊儿童照顾、教育和发展的主要责任。但实际中因支持缺乏,特殊儿童家庭常面临着教养能力不足、家庭收入低、成员关系紧张等问题,需要不断做出调整,才能维持和增强家庭功能。我国相关残疾人政策和服务多集中于儿童本身,缺少对家庭的关照。近些年残疾人政策也开始关注家庭需求。《残疾人康复服务"十三五"实施方案》提出"广泛开展残疾儿童家长及亲友培训、心理疏导,对家庭康复给予支持"。2021年国家颁发了《中华人民共和国家庭教育促进法》,明确了家庭在儿童成长中的核心地位,并从法律层面规定了国家和社会支持家庭教育的职责。探索适合国情的特殊儿童家庭支持模式,提高特殊儿童家庭适应能力,决定着特殊儿童生存、教育、康复、就业等平等权利的实现,也决定着其未来平等参与社会生活。

特殊儿童家庭面临的挑战是多重的,家庭需求也是多方面的,包括信息支持、情感支持、经济支持、教育康复支持等。针对特殊儿童家庭的需要,国外特殊儿童家庭支持项目有心理调试类(如冥想训练)和技能培训类(如积极教养项目)。大量研究考察具体的支持项目在提高家庭教养能力方面的作用,推行循证实践(Wang & Singer,2016)。国内对特殊儿童家庭的支持以提升家长教养能力为主,多采用专业人员主导的"家长培训"模式。刘潇雨(2016)指出我国传授式的支持模式中家庭处于被动地位,忽视家长自我反思能力和话语权,家庭需求得不到满足。在国际上特殊儿童及家庭的支持,尤其是对低年龄儿童家庭的支持服务逐渐从机构中心转为家庭中心。

　　家庭中心服务的概念起源于儿童早期干预领域,它既是一种理念,也是一种为儿童和家长提供服务的方式。自20世纪60年代起,家庭中心服务被认为是一种最适合与家庭合作的服务提供方式,也被视为满足特殊儿童和其家庭需求的最佳实践方式(Bailey, Raspa & Fox, 2012)。家庭中心的实践在美国、澳大利亚等国家被广泛应用,有充分的证据表明家庭中心早期干预在各方面的积极影响。首先,家庭中心的早期干预可以更好地促进儿童身体、认知、社会技能、语言技能等的发展。其次,对家庭的影响主要体现在可以提高家长心理健康水平、提升父母的自我效能感和参与能力、有利于家庭功能的正常运行(Trute & Hiebert, 2005)。国内虽有研究者将家庭为中心的支持理念以及家庭中心支持模式的过程和方法引入我国教育和康复领域(马书采,2019),但仅停留在西方理论和经验介绍层面,缺少对其本土化的实证探索,这也成为本研究的目标。

第二节　研究目的与意义

一、研究目的

　　家庭中心服务模式已成为国际上特殊儿童及家庭服务的主导趋势,也被认为是最佳实践模式。我国特殊儿童服务长期以机构为中心,忽视了家庭在干预中的地位,以及对家庭本身的服务。在国内引入家庭中心干预模式是符合国际发展趋势的,也是改善我国特殊儿童及家庭服务质量的必然要求。在学术上,我国对特殊儿童家庭的研究往往采取缺陷视角,认为特殊儿童对家庭的影响是消极的、负面的,家庭适应即对特殊儿童所带来的压力的应对。随着生态学理论的发展,特殊儿童家庭研究强调家庭功能、家庭赋权等新的理念,强调社会文化因素对特殊儿童家庭的影响,而非聚焦特殊儿童本身的负面影响(Gallimore et al., 1989)。因此,特殊儿童家庭研究也亟待改变研究的视角。为此,本研究的目的在于从生态学理论视角探析我国特殊儿童家庭适应状况,并在此基础上探讨以家庭为中心的支持模式在我国实施的必要性和可行性。课题具体目标包括:

(1)了解特殊儿童家庭适应的基本状况,为家庭中心服务模式的构建提供事实基础;

(2)分析家庭中心服务模式对特殊儿童家庭适应的影响以及作用机制,以探索家庭中心服务模式的必要性。

(3)探讨以家庭中心服务模式(包括理念、内容、方式)在我国实施的可行性,为特殊儿童家庭服务提供可操作的实施策略。

二、研究意义

(一)学术价值

家庭研究在国外已比较成熟,成果显著。但国内残疾家庭研究在数量和范围上十分有限。本研究将通过分析我国特殊儿童家庭适应基本情况,并在此基础上探讨适合我国国情的特殊儿童家庭中心服务模式,丰富和充实特殊儿童家庭研究的相关理论和成果。另外,受传统的医疗缺陷模式的影响,我国特殊儿童家庭研究强调家庭"缺陷",忽略社会文化环境对家庭的影响。本研究将采用生态学理论范式,弥补现有研究的不足,为学术研究提供新的视角。

(二)实践价值

特殊儿童主要依靠家庭供养,因此满足家庭需要是保障特殊儿童权利最基本途径。对特殊儿童家庭适应状况的调查可提高政府和其他服务机构对家庭研究重要性的认识,为决策提供依据。另外,家庭中心服务模式在我国应用的可行性和实施路径的实证探索将拓展我国特殊儿童服务的理念和途径,推动循证实践,更好地服务特殊儿童及家庭。

第三节 概念界定

一、特殊儿童

关于特殊儿童的定义,不同学者的看法不同,通常将特殊儿童的定义分为广义和狭义两种角度。广义上,特殊儿童是指在各方面与普通儿童具有显著差异的各类儿童;狭义上,特殊儿童是指在身心发展上存在缺陷的儿童(朴永馨,2014)。本书所讨论的特殊儿童是狭义层面的理解,以自闭症儿童、智力障碍儿童及脑瘫儿童等为主的发展性障碍儿童。根据《特殊教育辞典》的定义,自闭症又称孤独症,是一种发生于3岁前的发育性障碍,主要表现为社会交往困难和重复刻板的行为。智力障碍儿童是指智力明显低于一般人水平,并显示出适应性行为障碍的儿童。脑瘫儿童主要指运动神经元受损或者发育不全,而导致活动受限和肢体障碍的儿童。

二、家庭适应

关于家庭适应的理论解释,可归结为以下三种:基于能力导向的定义,家庭适应通常指家庭为了适应外界环境压力或者婚姻,因家庭发展而进行权力结构变化、角色变化或者家庭规则变化的能力(Olson, Sprenkle & Russell, 1979);基于过程导向的定义,家庭适应被认为是一个动态的发展过程,也就是一个家庭作为整体,为了适应环境的变化而自身也发生改变的过程(孟维杰,2014);基于结果导向的定义,强调家庭在不利环境中获得良好的发展(McConnell & Savage, 2017)。本书兼用过程与结果导向,即家庭在面临逆境时利用家庭的优势和社会的资源,从而维持有意义的可持续的家庭生活常规,实现良好的家庭功能。

三、家庭中心服务模式

家庭中心是指支持和强化家庭能力以促进儿童发展与学习的一系列特定理念、原则和实践方法。根据 Dunst (2002)的定义,家庭中心是指支持和强化家庭能力以促进儿童发展与学习的特定实践原则和方法,它强调个性化和灵活性,在方案制定与实施中尊重家庭的决策,在支援过程中服务提供者与家长是伙伴关系,为家庭调动资源以提供必要的支持,目的是实现儿童在家庭中更好的成长,提升家庭适应水平。家庭中心服务的核心要素包括家庭和专业人员的合作、家庭选择、以家庭为关注单位、家庭优势、家庭需要和个别化服务(Epley,Summers & Turnbull,2010)。

第二章　相关研究回顾

特殊儿童家庭常常面临着比普通儿童家庭更多的困难和挑战，需要家庭做出调整。但我们也发现在相似的生存和生活环境下，有的特殊儿童家庭适应良好，但有的家庭却表现出更多的冲突和矛盾。那么哪些因素影响了特殊儿童家庭适应？在特殊儿童家庭适应过程中，家庭中心服务发挥了怎样的作用，又如何发挥作用呢？前人针对这些问题已经开展了丰富的研究，也取得了丰富的研究成果。本章围绕特殊儿童家庭适应、家庭中心服务以及家庭中心服务对家庭适应的影响三个方面对前人的研究成果进行了梳理。

第一节　特殊儿童家庭适应

一、特殊儿童家庭适应研究模式

特殊儿童家庭适应的研究大致可以概括为两种模式，一是心理学视角下压力应对模式，这种模式认为家庭适应的过程是家庭压力调节和适应的过程。二是生态学理论之下的家庭适应研究，认为家庭适应不是家庭对压力的应对过程，而是可持续的家庭常规的建立和维持。

(一)压力应对模式下的家庭适应研究

压力应对模式下的家庭适应研究是从心理学的视角探究特殊儿童家庭适应的特征与形成过程。在该模式下研究者们认为家庭适应与其所受的压力息息相关,儿童的残疾是家庭面临的主要压力源,在这样的压力下家庭的适应能力各有不同。

1.家庭适应模型

McCubbin(1996)在压力应对模式下提出了家庭压力、调节与适应模型(The Resiliency Model of Family Stress,Adjustment and Adaptation)。他认为家庭的脆弱性因素、压力源及其严重性、家庭功能类型、压力评价及认知四个因素相互作用影响家庭的压力应对,进而影响家庭的适应。其中家庭的脆弱性因素是指有可能引发家庭危机的各种内外因素;压力评价及认知是指家庭如何看待困境和评价困境的意义,这直接决定着家庭如何调整使用资源、应对问题。

Walsh(2006)提出了家庭适应的过程模型,他认为家庭适应形成有三个主要过程:家庭信念系统,包括家庭成员共享对逆境意义的看法、积极的展望和灵性的超越;家庭组织系统,家庭组织模式,包括灵活性、关联度和社会及经济资源;家庭沟通及问题解决系统,包括观点澄清、开放的情绪表达、合作性的问题解决。Walsh(2006)指出家庭在面对逆境时上述各因子的相互作用形成家庭适应。两者的共同点在于均将家庭适应看作对压力源、家庭困境的应对,而这些压力和困境主要是特殊儿童直接带来的。

2.影响家庭适应的因素研究

研究者们对家庭适应的影响因素进行了探究,发现家庭适应受儿童和家长个体特征影响。在儿童个体特征方面,首先,儿童的残疾类型影响着家庭适应,较为一致的结论是与正常儿童和其他残疾类型儿童相比,自闭症儿童家长压力、焦虑、抑郁水平偏高。徐媛(2010)对智力障碍、自闭症、视障、听障四类儿童家长复原力进行对比,发现自闭症儿童家长复原力水平中等偏下,而其他三类儿童家长复原力均为中等偏上,这与国内其他自闭症儿童父母复原力研究结果一致。但更多的研究支持特殊儿童的行为问题而非残疾类型直接影响家长压力。如 Baker(2002)及同事的系列研究发现,与正常儿童相比智障儿童更有可能表现出内化或外化的行为问题,没有重大行为问题的儿童父母平均而言不会显示出高压力。

家长方面主要关注家长的信念以及认知对家庭适应的影响。Grant 等人(2007)确定了家庭适应的三个核心要素:寻找意义、保持控制感、维持有效的支持。Peer 和 Hillman(2014)回顾了 1986 年至 2012 年期间研究,发现影响适应的三个因素是性格乐观、问题指向的应对方式(包括"积极地重新评估")和社交支持。许多研究表明,相比于专业人员的支持,家庭、亲戚、朋友等非正式来源的社会支持对家庭适应的影响效果更大。

基于上述研究,研究者们认为改善家庭适应需从消除家庭的压力源入手,帮助家庭减轻或减少压力,如通过提供喘息服务、家长心理干预服务来缓解家长的心理压力,通过提升家长的教养技能减少儿童行为问题对家庭的负面影响,通过搭建家长支持网络为家长提供情感支持等(雷秀雅、杨振、刘愫,2010)。总之,压力应对模式下的家庭适应研究关注个体特征和家庭本身的属性对家庭适应的影响,强化了家庭的责任,却忽略了家庭之外的社会环境对家庭的影响,在一定程度上也给家庭带来了另一种负担。

(二)生态文化理念下的家庭适应研究

　　家庭适应是一个牵涉多种因素的复杂过程,压力应对模式下的家庭适应研究强调对个体与家庭的调整,而较少考虑到家庭维持生活常规所面对的挑战以及社会生态、文化的限制。过去几十年中不断有学者对压力应对模式的家庭适应研究质疑和批评,认为其对家庭适应的概念狭义化了。Gallimore 等人(1989),Skinner 和 Weisner(2007),Turnbull 等人(2007)从生态理论视角重新思考特殊儿童家庭适应,认为特殊儿童对于家庭不仅仅是负面的压力,而家庭适应也不仅仅是对家庭压力的应对。Gallimore 等人(1989)将生态文化理论应用到特殊儿童家庭研究,发现特殊儿童家庭适应的任务和普通儿童一样都是建立和维持有意义的可持续的家庭常规。这一理论得到众多研究的支持。

　　1.家庭适应模型

　　可持续的家庭常规是生态文化理论下家庭适应的一个核心概念。可持续性是指家庭不懈地努力去处理生活中持续的要求以实现家庭的长期目标。有意义的可持续的家庭常规的维持是所有家庭成员一起利用已有的家庭、社会、文化资源,根据家庭内部的文化和理念,调整家庭生活以适应所有家庭成员的发展需求。根据 Weisner 等人(2005)的解

释,可持续的家庭常规表现出以下四个特点。第一,契合
(fit)。即家庭已有的资源(如时间、物质资源和支持)契合家
庭的需要,能够支持家庭从事他们认为重要的活动。第二,
平衡(balance)。家庭成员的利益和需要往往是不一致且常
常是冲突的,可持续的家庭常规能够平衡和满足所有家庭成
员的个别化需要。第三,意义(meaning)。家庭的日常生活
的安排符合社会文化和伦理道德对家庭生活的要求。第四,
可预测(predictability)。家庭对生活变化的适应是有规律
的、可预测的,而不是随机的、不确定的。

　　家庭往往通过调整来建立和维持有意义的可持续的家
庭常规。Gallimore 等人(1996)对美国 102 个发展性障碍儿
童家庭的长期追踪研究发现特殊儿童家庭调整的十大领域,
分别是家庭生存基础、服务、邻居和社区、家务、儿童照顾、儿
童玩伴、夫妻角色、家长支持、配偶角色、教养信息等。西班
牙的一项研究发现智力与发展障碍儿童家庭调整领域包括
家庭资源的管理、家长工作、专业支持、教养、情感支持和信
息(Mas,Giné & McWilliam,2016)。需要注意的是家庭调整
可以是有意识也可以是无意识的,或主动或被动的,或积极
或消极的,主要取决于与家庭生活其他方面的联系,以及是
否符合家庭长远的、共同的目标。

　　与压力应对模式关注个体和家庭内部因素不同,生态文
化理论认为家庭常规的建立和维持受家庭所在的文化和生
态因素影响。文化因素主要是指家庭文化和目标,生态因素
既包括宏观的因素如社会和政治环境,也包括微观因素如家
庭经济状况,而这些因素会成为家庭常规建立和维持的条件
或限制。McConnell 与 Savage(2017)基于生态文化理论提

出了家庭适应模型(见图2-1)。从图中可以看出,家庭调整和常规的建立与维持受到生态文化资源的制约和影响,在一定的区域范围内所有家庭生活模式差异较小,这是因为它们都有类似的生态文化资源,也面临相似的生态文化限制。同时,家庭适应也与家庭图式(文化和个体经验的产物,为家庭常规提供一种动力与信念)和家庭成员的需要息息相关,因此又表现出各个家庭不同的、独特的生活模式。需要说明的是,生态文化理论认为家庭生活常规的维持取决于他们所整合的家庭资源,有更多资源的家庭拥有更多的权利或自由来实现和塑造他们所希望的家庭常规。但是家庭复原和常规的维持并不在于资源的多少,而在于家庭资源是否合适和支持他们认为有意义的生活常规。

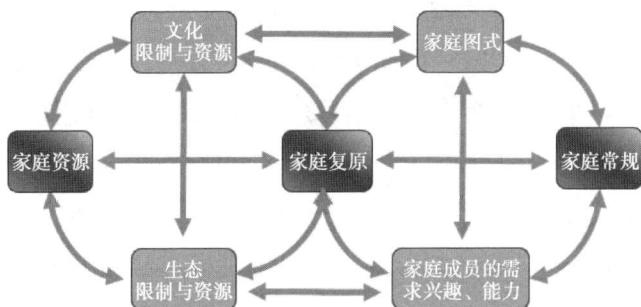

图2-1　社会生态理念下家庭复原力模型

2.影响家庭适应的因素研究

基于生态文化理论,研究者关注影响家庭适应的社会文化因素。Ungar(2011)确立了生态文化理论框架下家庭适应的四个原则:分散性、复杂性、非典型性和文化相关性。分散性是指要将重点从个人或家庭特征转向社会生态特征,首先关注社会生态环境。对特殊儿童家庭而言,应关注他们生活的环境,在该环境下家庭能否获得所需的资源、支持以及该环境对残疾的包容度。复杂性是指家庭适应力的形成过程是复杂的,应抵制对家庭适应简单解释的倾向;非典型性是指我们很多的社会安排是为了普通儿童及其家庭构筑的,但是这种安排并不能很好地支持特殊儿童家庭,如果社会安排能够很好地回应特殊儿童家庭的需求则有利于发展出他们"隐藏的适应力";文化相对性是指家庭适应应该被嵌入特定的文化、时间、历史背景之下,因为在一种情境下规范的标准在另一种情境下可能是不规范的,对家庭复原力的研究要考虑到特定的社会文化背景或家庭背景。

Mas 等人(2016)对西班牙的智力与发展性障碍儿童家庭适应的研究发现文化观念主要反映在家庭目标和信念上,比如家长对他们职业和就业的看法,对特殊儿童发展的看法,以及他们对家庭成员共度的时间的看法等。影响家庭调整的生态环境因素包括家长工作时间的灵活性,以及正式和非正式的支持。社会支持和家庭经济状况是影响特殊儿童家庭适应的重要生态环境因素。加拿大的一项系列研究发现具有较高水平的社会支持且经济条件较好的家庭,即使在儿童行为问题的数量和强度很高的情况下,也更倾向于维持有意义的可持续的家庭常规。反之,即使孩子行为问题的数量和强度都很低,但社会支持程度较低、经济困难程度较高

的家庭通常也很难维持可持续的家庭常规(McConnell,
Savage & Breitkreuz, 2014; Breitkreuz et al., 2014)。该项研
究证明了生态环境因素相较于儿童个体因素对家庭适应有
更深刻的影响。比利时和荷兰的一项研究发现,相比于普通
儿童家庭,特殊儿童家庭对他人的,尤其是专业人员的支持
的依赖性更强(Seghers, Van Leeuwen & Maes, 2020)。特殊
儿童家庭往往因父母一方为照顾子女而放弃工作或者与残
疾相关的额外支持面临经济困难。与高收入家庭相比,低收
入的家庭往往缺少与特殊儿童相关的物质的、人力的资源,
以及较少接受和使用额外的支持。

(三)我国特殊儿童家庭适应研究

1.特殊儿童家庭适应

与国外压力应对模式一致,我国特殊儿童家庭研究聚焦
于特殊儿童家庭或家长的压力和应对。关文军等人(2015)
对北京、河北、山西、新疆等地7所特殊教育学校的392名特
殊儿童家长的调查显示,特殊儿童家长的教养压力水平较
高,其中自闭症儿童家长教养压力显著高于智力障碍、脑瘫、
听障和视障儿童家长。相似地,陈夏尧等人(2019)对智力障
碍和孤独症儿童家长的调查发现两类儿童家长均承受较高
的心理压力,其中孤独症儿童家长的心理压力显著高于智力
障碍儿童,且心理压力与儿童的残疾程度和家庭收入呈负相
关。由此可见,国内对特殊儿童家长和家庭的压力源聚焦在
特殊儿童个体残疾方面,一致认为儿童的障碍类型和障碍程

度显著影响家长压力。也有部分研究关注并发现家庭收入和社会支持对家长压力的积极影响,即家庭收入高、社会支持程度高的家庭,家长亲职压力、心理压力较低(李静、王雁,2015;秦秀群 等,2009)。

但近些年也有一些研究者开始关注特殊儿童家庭积极方面。Liu 和 To(2021)研究了自闭症儿童家长个人成长经历,发现养育自闭症儿童提升了家长的自我认识、增进了亲子关系,并且通过积极看待自闭症儿童和家庭环境寻找了生活新的意义。Zhao 和 Fu(2020)从生态学的视角对自闭症儿童家长的复原力进行研究,发现家长通过建立与家庭内,以及家庭外各个环境系统的积极联系获得了家庭复原。另外,也有国内学者关注了特殊儿童家庭的生活质量,发现特殊儿童家庭生活质量处于中等水平,来自专业人员、社会组织以及配偶的支持是影响家庭质量的三大要素(Hu,Wang & Fei,2012)。尽管特殊儿童家庭研究范式已经出现了转变,但是以上的研究除了家庭生活质量之外,依然关注的是家庭成员个体的发展和转变,而非将家庭作为一个整体来分析。

2.生态文化因素的影响

对于影响家庭或家长适应的因素,已有的研究较多关注特殊儿童和家长个人因素,如上文提到儿童残疾类型、残疾程度、家长应对方式对家庭或家长压力的影响。但也有一些研究者关注了生态文化因素,比如有研究者发现家庭经济水平对家庭和家长压力的作用。除了特殊儿童个体以及家庭内部因素,也有一些研究者讨论了我国文化因素对特殊儿童家庭或家长的影响,比如社会污名和支持的缺乏等。

我国古代社会对残疾人持有同情、怜悯等情感,没有发生诸如西方社会中的屠杀、虐待等现象。但是在长期封建等级社会中,残疾人处于社会最底层,人们往往用迷信、宿命的观念去解释残疾的成因,将残疾看作对前生罪孽的惩罚,是不吉利的或者将残疾归咎于父母不良的教养。新中国成立后,国家颁发一系列法律,尤其是专门的残疾人保障法等保障残疾人在生存、教育、就业等各方面的平等权利,但残疾人及其家庭依然受到社会的歧视和不公正待遇。残疾人多数靠家庭供养,父母或其他家人承担着主要的照顾责任。残疾人家庭往往会面临很多困难,一方面是来自社会的歧视。很多研究发现特殊儿童家长害怕他人异样的眼光(Huang & Zhou, 2016)。更重要的是,社会往往会将儿童的残疾归咎于家长尤其是母亲,羞愧和自责成为特殊儿童家长共同的感受,会因为残疾子女而感到丢脸(Yang, 2015)。社会污名和歧视会造成家长的社会退缩和孤立,不愿意在家庭外寻求他人的帮助(Wang, Michaels & Day, 2011)。另一方面是社会支持的缺乏。囿于我国当前的社会经济发展水平,目前针对特殊儿童和家庭的支持体系尚未完全建立。黄晶晶和刘艳虹(2006)对221位特殊儿童家长的调查发现支持来源主要来自家庭、学校、社区和政府,但是支持数量和质量堪忧,只有少量的家长主动地向社区和政府寻求过帮助。更多的研究发现特殊儿童家庭对社会支持的需求是迫切的、多方面的,包括信息的需要、工具性需要和情感性需要等(贺荟中、林海英,2013;Su et al., 2018)。具体而言,家长普遍需要关于政府残疾政策和相关服务的及时的准确的信息;工具性支持需要包括家长培训、经济支持和对特殊儿童教育和干预服务;情感性支持是指特殊儿童家长希望能够被朋友、亲戚和社会其他人所接纳。由此可见,我国特殊儿童家庭社会支持体系尚未健全,无论是社会环境还是专业支持等都亟待进一步完善。

二、特殊儿童祖父母适应

祖父母参与孙辈的教养活动在我国十分常见,有研究表明,我国目前三分之二左右的幼儿有过由祖父母教养的经历(许岩、裴丽颖,2012)。这一教养形式符合我国的文化传统和对现实的考量。传统观念强调团结、忠诚、奉献、责任感、适时而为等,因此作为祖父母则是个人在老年阶段最有价值的角色之一,承担孙辈教养也是为家庭作出的最有价值的贡献,由此上述文化观念使祖父母参与照顾在我国也有了悠久的历史。从现实而言,在农村,现代化进程中外出打工成为涌动的浪潮,祖父母逐渐成为留守儿童的实际监护人和主要抚养者;在城市,因为紧张的生活节奏和生活压力双职工家庭无力照顾孩子,祖父母的参与可以减轻父母的教养负担,使父母能够更好地从事经济活动,增强整个家庭的经济功能和抗风险能力。

与普通儿童相比,特殊儿童由于自身生理心理上的局限性,可能存在更多的发展、认知、神经、行为与情感上的问题,如过度兴奋、感觉异常、自我伤害或者自我攻击行为、生活自理能力低下、认知能力低下、缺乏语言沟通能力、畸形特征等。其障碍类型及程度不一,特殊儿童可能有以上一项或者几项表现,因此在家庭生活和学校中有更多的特殊需求。为满足孙辈的特殊需要,特殊儿童祖父母不得不花费更多的时间和精力在孙辈身上,从而对其日常生活产生影响。在这个过程中,作为主要照顾者的特殊儿童祖父母往往会有更高的需求,但他们得到的社会支持少于其他家庭照顾者。有研究显示祖父母的角色压力、经济压力和生活中断程度都高于普通儿童祖父母(Emick & Hayslip, 1999)。本研究探索了我国社会文化背景下祖父母参与教养的经历。

(一)祖父母家庭角色

祖父母对子女家庭所能提供的主要支持类型包括以下三种:第一,实际支持,指的是实际形式的帮助,如提供临时照护、作为孙子或孙女的玩伴、辅助进行康复治疗、完成家务和接送任务、预约医生、定期探视等,使核心家庭能够继续保持正常的生活方式。第二,经济支持,可以从偶尔的财政援助,如购买礼物或杂货,到更大的投资,如赞助治疗费、孙辈的个人基金等。第三,情感支持,指的是更为无形的方面,如聆听子女的倾诉、理解其面临的问题、给予其鼓励和认同、帮助子女减少孤立感。这事实上为子女构筑了一道保护屏障,是祖父母能提供的最宝贵和最重要的支持。除了以上支持之外,研究者还提出祖父母通过传承,甚至创造着家庭传统将特殊孙辈和其他家庭成员凝聚在一起(Milton et al., 1997)。祖辈们能够教导孩子们关于他们家庭的过去和他们的根源的知识,祖父母的教育确保了家庭的延续。虽然特殊儿童的实际情况不允许家庭传统以养育普通儿童时的方式执行,但是祖父母会设法做出调整来帮助特殊儿童融入家庭传统中去。另外,祖父母在社区、大家族或其他外部系统中的参与可以帮助核心家庭及特殊孙辈获得更多的支持。退休祖父母往往具有丰富的个人人际关系网络和资源网络,可以利用此机会为核心家庭带来儿童护理、特殊设备或经济方面的援助。祖父母也是核心家庭与大家族之间的"中间人",他们能在核心家庭和大家庭之间构建起资源与信息互通的桥梁(Kahana et al., 2015)。

(二)祖父母的适应历程

当一个特殊孩子降生,祖父母可能面临理想的祖父母形象的破灭和拥有一个健康孙辈的希望的消逝。研究者们一致认为,祖父母也会像子女一样在孩子出生后诊断出某种障碍时经历否认、震惊和沮丧的最初反应(Lee & Emmett, 2014)。与子女不同,祖父母经历的是一个"双重悲伤"的过程,一方面,他们对子女的情感与生活感到担忧;另一方面,他们又为特殊孙辈的未来而感到担忧(Woodbridge, Buys & Miller, 2009)。祖父母往往被排除在与医生、教育工作者和其他服务提供者的会议之外,与子女之间也可能存在沟通不畅,往往会因为信息的匮乏而难以参与到孩子的照顾之中(Sullivan et al., 2012),上述情况都加重了祖父母的消极情绪。

当特殊儿童诞生,家庭成员的角色往往会发生变化以满足其复杂的需要,许多祖父母试图在参与教养和个人生活之间寻求合理的平衡(D'Astous et al., 2013)。Lee 等人(2010)认为如果祖父母不接受或不理解孩子的特殊状况,他们可能成为家庭的压力源或负担;反过来讲,祖父母如果能够顺利适应新角色,不仅可以为子女提供支持,而且可以成为促进其他家庭成员接受特殊儿童的有效榜样。Woodbridg(2011)采访了六位英国祖父母,他们将适应过程描述为与诊断结果抗争的过程,他们努力让这段经历变得有意义,并理解他们和他们的家庭发生这种事情的原因。他们对自己的家庭有强烈的责任感和义务感,自愿改变了旅行和退休等个人生活计划,并做出了减少工作时间、拒绝职业机会等重大的人生决定。

研究表明影响祖父母适应角色的因素包括:第一,是否有足够的信息与指导,Diane(2000)在关于聋童祖父母的研究中发现,有了更多的信息和与专业人士的充分接触,他们可能会更快地度过悲伤阶段。第二,祖父母与子女的沟通,子女和祖父母之间持续的、亲密的和有效的沟通不仅维持了很好的家庭互动关系,也增进了祖父母对家庭现实的了解。第三,文化观念的影响,Huang等人(2020)发现在中国文化中,对特殊人士的污名化使祖父母经历了社会羞辱且害怕被社会排斥;另外祖父母们相信中国传统的"命中注定"和因果轮回的观念,反而可以说服他们接受自己的命运,为了更好的生活和心灵的安宁而继续前进。

(三)祖父母适应的困境和需要

Hastings等人(1997)对特殊儿童祖父母进行访谈,总结出作为主要照顾者的祖父母所面临的五大挑战:第一,儿童的行为问题,令照顾者痛苦的行为包括感觉异常、发脾气、沟通障碍、社交技能不足、如厕训练和进食问题。第二,特殊儿童服务不足,这反映了祖父母在公立学校系统和私营机构都很难获得由受过适当培训的专业人员为其孙辈提供的适当、个性化的相关服务。第三,财务问题,特殊儿童康复治疗所需服务及相关材料通常费用高昂,而且这些费用往往不在保险或医疗援助的范围内。第四,个人需求,指照顾特殊儿童的持续压力,包括情绪和身体疲惫、限制自由、社会孤立和绝望。第五,对未来的恐惧,祖父母担心他们的孙子孙女在他们死后无人支持,比如无法独立生活和由于社交能力受损而被他人利用。

McCallion(2004)认为,祖父母所面临的挑战除了身体健康方面之外,还有心理、社会方面:心理方面包括社会孤立感增加、抑郁症状加重等;社会方面包括照料儿童的终身性、与提供服务的机构沟通经常遇到困难等。另外,教育和信息需求对于祖父母而言也具有重要的意义。Vadasy 等人(1986)进行的一项访谈中,祖父母表达了对特殊类型、儿童发展、教育计划和生活规划策略的信息的需求,以及参与到儿童教育和干预中的意愿。需求的优先次序和实际状况可能受到文化背景等方面的影响,一项来自瑞典的研究结果表明信息需求居于首位,祖父母需要学习更多的策略来帮助他们的孙辈发展技能、处理问题行为、实现儿童保育;表达最少的是财政支持,这可能源于瑞典作为福利国家的政策背景(Roll-Pettersson & Hirvikoski, 2020)。

三、研究述评

从以上的文献梳理发现,目前特殊儿童家庭研究发生了视角的变换,从关注家庭的缺陷、压力应对,转为优势视角和生态学视角。生态文化学理论认为特殊儿童家庭适应与普通儿童家庭适应的根本性质和目标是一致的,即建立和维持有意义的家庭常规。同时特殊儿童家庭研究从关注家庭成员个体状态和个体影响,尤其是特殊儿童对家庭的负面影响,转为将家庭作为一个整体单位进行考察,关注家庭之外的社会文化因素在特殊儿童家庭适应过程中的角色和影响。但反观我国特殊儿童家庭研究,依然聚焦家庭成员的压力和应对,只有少数的研究者从积极视角看待特殊儿童家庭,更少的研究者将家庭整体而非家庭成员个体比如母亲作为研究对象。

同时,众多的家庭研究显示隔代抚养是我国城乡普遍的现象,祖父母作为重要的家庭成员却极少得到关注,尤其是特殊儿童家庭。国外已有丰富的研究成果展现特殊儿童祖父母的教养经历、适应过程和需求,但我国特殊儿童家庭祖父母的付出和贡献还未得到充分的认识和理解。在我国的国情之下,抛开祖父母来谈特殊儿童家庭适应是不完整的。综上所述,我国特殊儿童家庭适应亟须转换视角,从缺陷视角转为生态学视角,从关注个体到关注家庭整体,在家庭整体中需将祖父母纳入家庭研究的范畴。据此,本研究采用生态文化学视角剖析特殊儿童家庭整体的适应过程,注重我国的社会文化背景对特殊儿童家庭的影响,为特殊儿童家庭适应的发展和研究做出本土化意义的贡献。

第二节　特殊儿童家庭中心服务研究

　　特殊儿童家庭建立和维持有意义的家庭常规需要家庭寻求和利用家庭内外各方的多样化的支持。值得研究者和实践者注意的是支持的形式(how to support)和支持的内容(what to support)同样重要。在很多发达国家,家庭中心服务已经在国家层面的政策文本中作为最佳实践模式被推广应用,也有大量证据证明其在促进特殊儿童发展、提升家庭功能等方面的积极效果。因此本节将对特殊儿童家庭中心服务的理论基础、核心要素和实践模式做一概括梳理。

一、家庭中心服务的理论基础

(一)生态学理论

　　Bronfenbrenner(1979)在20世纪70年代提出了个体发展的生态学模型(ecological model),认为个体的发展即个体认识和应对环境的持续过程。生态学模型强调了环境在人的成长过程中的重要作用。环境被看作一个嵌套的系统,从内到外依次是微观系统、中间系统、外在系统和宏观系统。微观系统是指与个体有着紧密关系,个体可以直接接触到的环境,比如父母、家庭、学校等;中间系统是指微观系统中各个因素之间的相互关系,比如家庭和学校的关系;外在系统是指个体没有接触到,但间接地影响个体发展的环境,比如社会媒体、政府政策等；宏观系统是最外层的系统，是这个社会运行过程中所形成的信念系统或意识形态。关于各环境系统之间的关系，Bronfenbrenner提出外围的环境直接或者间接地通过其相邻的更内层的环境系统作用于个体发展。

到20世纪80年代，Bronfenbrenner(1989)批评生态学模型过分地强调了环境的作用，忽视了个体在发展中的作用，为此将生态学模型改为生物生态学模型(bioecological model)。此模型认为个体的发展是个体和环境相互作用的持续过程。其中个体与其最接近的环境系统(比如父母)之间的相互作用，即"最近过程"(proximal process)尤为重要，它是推动个体发展的基础动力。"最近过程"受个体特征、环境和时间的共同影响，也就是生物生态学模型中最核心的"过程-人-环境-时间(PPCT)模型"(Bronfenbrenner & Morris，2006)。过程即"最近过程"，人指个体特征，包括主要特征，如年龄、性别、外貌等；资源特征，如个体的经验、能力、智力、所获取的资源等；动力特征，如人的动机、行为倾向等。个体特征既是个体发展的动力，也是发展的结果。环境即指嵌套的环境系统。时间表示个体生命过程中发生的事件或经历的变化，主要表现为个体发展会随着时间而变化，而个体生长的环境也会随时间和时代而变化。简而言之，生物生态学模型较生态学模型更加强调个体和环境的相互作用在个体发展中的作用，其中"最近过程"是个体发展的核心动力，它受到个体特征、环境和时间的共同影响。

生态学理论突出强调了家庭在儿童发展中的核心作用，首先家庭作为儿童发展的微观环境，构成了儿童成长的最近过程，成为儿童发展的动力；其次家庭作为微观环境成为其他环境系统影响儿童的中介或屏障,调节和缓冲着社会环境其他因素对儿童的影响。基于此,特殊儿童的服务迫切需要关注家庭这一核心要素,一方面,需要积极鼓励家庭参与到儿童的教育、干预等服务中,充分发挥家庭的积极功能;另一方面,需要对家庭本身进行服务和干预,改善家庭环境,提升家庭教育能力,优化家庭功能,为儿童发展营造良好的家庭环境,成为以家庭为中心干预的理论基础。

但是也有学者批评 Bronfenbrenner 的生态学理论是一个大而全的系统,环境中众多的因素都会影响儿童和家庭发展,在实践方面缺少指导性和可操作性,具体而言,该理论缺少选择影响儿童和家庭发展的各系统因素的可资参考的选择标准。Gallimore 等人(1989)在生物生态学模型基础上提出了生态文化理论来解决生态学理论中分析单位的缺陷。生态文化理论认为生态环境的影响中介是家庭生活的常规活动。常规活动包括五个要素,即谁在场、他们的理念和目标、在进行什么任务、为什么做这个任务、影响和职业儿童参与的互动脚本。这些因素是生态和文化要素的具体化,使其具有可观察性和操作性。研究者可以通过观察家庭常规活动的要素来选择和分析影响儿童发展的生态环境因素。生态文化理论不仅仅将家庭看作儿童发展的最近环境系统,并且认为家庭可以积极的行动来影响和改变社会文化环境对家庭的影响,换句话说,家庭在积极主动地构建其生态环境。因此,家庭中心服务系统需要明晰家庭常规,通过家庭常规来分析家庭的生态文化环境,并将干预和服务嵌入家庭常规之中。

(二)对机构中心服务模式的反思

机构中心模式在特殊儿童服务尤其是早期干预中长期占据主导地位。但该模式下特殊儿童服务的理念、效果及家长与专业人员关系等方面存在诸多不足。

1.医疗模式下的缺陷补偿

机构中心服务是医疗模式下的特殊儿童教育和康复方式(何侃,2015)。在医疗模式下,特殊儿童被看作有缺陷的个体,需要专业人员的干预以补偿个体的缺陷,使其最大限度地正常化。2001年世界卫生组织提出《国际功能、残疾与健康分类》,指出残疾是个体功能受限制的状态,而不是固定不变的缺陷,功能受到个体因素和环境因素的共同影响,因此特殊儿童的服务不仅需要关注个体身心结构和功能的改善,也应致力于积极环境创设,消除儿童与环境互动的障碍,提高其活动和参与能力。然而,传统机构中心服务聚焦儿童个体的缺陷补偿,忽略了儿童与家庭环境和社区环境的互动。特殊儿童康复需要从机构中心向家庭、社区中心模式发展,注重家庭和社区在儿童成长中的角色。

家庭中心服务强调把家庭整体作为服务对象,特殊儿童服务需照顾到特殊儿童及其之外的其他家庭成员的发展需求,着眼于家庭整体的适应和发展(Bailey et al.,2006)。生态学理论认为家庭是儿童发展的微观环境,对儿童发展有着直接的影响,同时家庭对外界环境如学校、社会等对儿童的影响起着缓冲调节作用。Breitkreuz等人(2014)的研究发现因社会支持强度不同,特殊儿童家庭生活质量状况不一,有些家庭关系和谐,凝聚力强,但有的家庭矛盾突出,家庭很难维持有序健康运转。为营造有利儿童发展的生态环境，Bailey 等人（2006）建议将以下家庭发展指标纳入早期干预效果评量范围：(1)认识儿童的能力和特殊需要；(2)为家庭和儿童倡导；(3)帮助儿童学习和发展；(4)建立家庭支持系统；(5)接受满意的服务项目。

2.儿童干预效果受限

机构中心模式的教育和康复场所主要是医院、学校、康复中心等，由康复师、教师、医生等专业人员为儿童提供认知、行为、生活适应等方面的个别化服务。机构中心干预通常是高度结构化的，特殊儿童，尤其是发展性障碍儿童因认知受限，导致在机构学到的知识和技能难以应用到家庭和社会生活中。另外，儿童服务机构和相关资源往往集中在经济发达地区，中西部经济欠发达地区的特殊儿童家庭需要到大中城市寻求康复资源（贺荟中，2011），对这部分家庭和儿童而言，干预训练脱离了其日常生活情境，更不利于其所学知识与技能的迁移运用，进而限制了干预效果。

特殊儿童教育不同于普通儿童，它有着高强度的要求，教育需渗透在日常生活中。国外有研究发现，最佳的特殊教育服务是融入儿童生活常规的教育（Chao et al., 2006）。日常生活可提供大量的自然学习机会（natural learning opportunities）。Dunst(2000)分析了儿童日常生活中11类自然学习机会，包括家庭日常，如整理家务、做饭等；教养日常，如儿童洗澡时间、睡觉时间等；儿童日常，如刷牙、收拾玩具等；语言活动，如亲子游戏、睡前故事等；体育活动，如骑车、游泳等；游戏活动，如艺术活动、画画、棋牌游戏等；娱乐活动，如唱歌跳舞、看电视等；家庭传统，如家庭会议、祈祷等；

家庭庆祝,如假日聚餐、生日等;社交活动,如请客、走访亲友等;园艺活动,如种花养草、种蔬菜等。在家庭中心服务下,专业人员指导家长认识并充分、合理利用家庭的自然学习机会,有目的地将康复活动和教育训练融入日常的生活情境,极大提升了儿童的实践应用能力和社会适应能力,以及家长的教养能力。

3.家长与专业人员矛盾突出

在机构中心模式中,特殊儿童的评估、干预计划的制订和实施主要由专业人员执行,他们作为早期干预的"权威"在儿童康复教育中占据主导地位,家庭地位被弱化(贺荟中,2011)。家长在教育过程中或作为陪读辅助,或被隔离在教室之外。家长与专业人员的合作通常表现为单向的专业人员"说"家长"听",专业人员布置任务,家长配合完成任务,是传授型的互动方式。在该情况下,专业人员认为家庭参与意愿不强,配合度低。而家长认为自己有强烈的参与愿望,但学校机构并没有提供足够的参与机会,这使得专业人员和家长的矛盾突出。

家庭中心服务的核心是在家庭和专业人员之间建立平等、积极沟通、尊重和信任的伙伴关系(Epley, Summers & Turnbull, 2010)。专业人员首先承认每个家庭独特的优势,不仅要从客观上帮助家庭强化其优势,还应该让家长从主观上感受到自己的优势和成长,增强家庭对自身能力的信心。其次,为家庭赋权增能,即尊重家长选择、鼓励家庭自我决定、提高家长决策能力。家长不同于专业人员,有些家庭可能不具备特殊教育的知识和技能,需要专业人员进行决策辅助,专业人员全面、无偏见地分享信息和经验,帮助家长明晰各种选择的潜在利益与挑战,协助家长规避风险。在此过程中,家长逐步认识、提升自己的能力,最终依靠自己的能力进行决策。

基于对机构中心模式的反思,特殊儿童早期干预应转变理念、尊重家庭在儿童干预中的地位,充分重视和利用儿童自然的成长环境。研究显示家庭中心早期干预模式可显著增强家长的教养效能感,促进家长的心理健康,改善家庭功能,提高家长对服务的满意度等(Dunst, Trivette & Hamby, 2007)。在儿童方面,家庭中心服务可有效提升儿童生活技能和心理适应能力,改善儿童语言和行为问题(King et al., 2004;Chao et al., 2006)。家庭中心服务已在澳大利亚、美国、欧洲等国家和地区被当作促进特殊儿童和家庭发展的最佳实践方式,广泛应用于医学、康复、特殊儿童早期干预和教育、公共卫生、心理健康等领域。

二、家庭中心早期干预模式的要素

Allen等人(1996)对社会、健康、教育等不同领域的家庭中心早期干预文章进行分析梳理,对不同领域实践的要素进行了总结,指出家庭中心早期干预的五个要素按比重依次为:以家庭为关注单位、家庭选择、家庭优势、家庭与专业人员的关系、家庭需要与个别化服务。Epley(2010)在十余年后对家庭中心早期干预的要素再次进行了研究,指出其构成要素没有发生改变,前面的五个要素依然是构成家庭中心早期干预的理论基础。但是它们的比重发生了变化,重心已由以家庭为关注单位转移至家长与专业人员的关系、家庭选择。本文沿用 Allen 、Epley 的观点,对以上五个要素进行分析。

(一)家长与专业人员的关系

家长与专业人员的关系是家庭中心早期干预的关键因素,干预服务团队中专业人员一般包括作业、语言、物理治疗师;护士、儿科医生、神经科医师、听力学家等医务人员,以及辅导员、社会工作者等。不同于以往专业人员与家长的主、辅关系,在家庭中心早期干预模式中两者是平等的伙伴关系,Summers(2005)将这种伙伴关系定义为"家庭和专业人士之间的互助性互动关系",重点是满足儿童和家庭的需求,特点是平等、积极沟通、尊重和信任。澳大利亚政府2009年出台的早期学习框架指出,在这种伙伴关系中,父母与专业人员了解对方的期望和态度,承认对方的优势。在关系的构筑中,相对于提供具体服务,对家长的信任、赞赏以及重视是更重要的因素。

为了建立良好的伙伴关系,国外特殊儿童服务团队进行了许多合作模式的探索,例如学科间合作和跨学科合作。学科间合作是指由各个治疗师基于自己的专业技能,独立地对儿童进行评估、干预,在干预过程中家长分别与这些专业人员接触,接受他们的指导和建议。但这种模式的缺点是显而易见的,家长需要接触不同学科背景的人员,了解他们基于不同学科领域对孩子的评估和干预计划,极易引起家长的疲劳和混乱。现在更多提倡的是一种跨学科的团队合作模式,在这种合作模式中,家长作为团队的一员参与到评估和干预的过程,各领域专业人员协作交流制订干预计划。计划制订之后主要由一名专业人员与家长联络,共同实施干预。在过程中,如果出现知识或操作上的问题,这名专业人员会向团队寻求帮助。跨学科的合作模式既减轻了家长因人际关系带来的压力,也避免了不同专业技能施于家庭带来的混乱和矛盾,因而得到了更加广泛的应用。

(二)家庭选择

家庭选择要素是指在家庭中心早期干预中尊重家长的选择、鼓励家庭的自我决定、致力于家长决策能力的提高。首先,对家庭选择权、决策权的尊重是建立在对家庭环境深切认识的基础之上的,专业人员应该认识到家长是最了解自己孩子和家庭状况的人,因此在早期干预中应给予家长为家庭和孩子规划服务的机会。其次,在干预计划的制订和实施中要考虑家庭的选择和他们优先想解决的事项,例如有的家长急切地想要改善孩子的分离焦虑,有的家长想要减少孩子的干扰行为,在制订和实施干预计划时照顾到家长的选择才能获得家长最大程度的参与和配合。帮助家庭做出选择时,专业人员应该提供有关服务的一般性信息和针对家庭、儿童情况的个别化信息。Wang(2015)对205名中国脑瘫儿童家长的问卷调查结果显示,家长在与专业人员的关系方面评分较高,但是大多数家长对信息的缺乏,尤其是个别化信息的缺乏表示不满。最后,专业人员需要帮助家庭利用信息做出合理的选择。专业人员在提供信息帮助家长做选择时,首先要全面、无偏见地分享信息与经验,但是无偏见并不是完全中立地描述信息,为了帮助家长明确各选项潜在的利益和挑战以及规避风险,对信息进行评估也是至关重要的。家庭中心早期干预最终是实现对家长的增权赋能,这个过程不是一次性的支援,而是一个长期的过程。在这个过程中,专业人员的决策辅助行为逐步消退,与此同时协助家长逐步认识到自己的能力并依靠自己的能力进行决策。最终,使家长能够在专业人员的支持下以反映个人优势、满足优先事项的方式做出选择。

(三)以家庭为关注单位

在家庭中心服务中以家庭为关注单位是指干预不仅关注孩子的成长与需要,而且要将整个家庭作为服务的对象。在早期的家庭中心服务中对"以家庭为关注单位"较为注重,例如 Allen(1996)对家庭中心早期干预的定义审查发现,所有定义均明确了"家庭为关注单位"这一要素。早期对"家庭为关注单位"的强调可能有以下两点原因:其一是相对于之前"儿童中心""专业人员主导"的服务提供模式,家庭中心早期干预对家长和家庭的重视是其突出的特色。其二也与美国在法律上对家长参与的认可和鼓励相关。每个家庭都有其独特的生态文化环境,只有以家庭为关注单位,关注家庭的整体环境,早期干预服务才能在适合家庭系统的基础上开展,达到提升干预效果和改善家庭系统整体运行的效果。从生态系统理论的视角出发,儿童所处的环境、经历的活动、人际关系都可能直接或间接影响儿童的发展,就儿童而言,家庭是儿童早期生活中最重要的自然环境,家长是其最重要的影响者,因此早期干预应该关注整个家庭,通过对家庭环境的整体改善来调整个体行为。后期

Epley（2010）的研究中发现，相对于 Allen 的分析结论，"以家庭为关注单位"出现率有所下降，这可能是随着家庭中心研究以及实践的发展，家庭为关注单位已经成为一个默认的、基本的前提，家庭中心早期干预的重点也向存在着更大挑战的其他要素转变。

（四）家庭优势

家庭优势要素是指专业人员在与家长的交往中要承认和发现家庭的优势，并基于家庭优势制订个别化的干预计划。家长在特殊儿童干预中具有不可比拟的优势，首先，家长是特殊儿童一生主要的照顾者，具有较强的教育动机，家长有权利为他们的孩子寻求最好的服务和支持。其次，家庭环境相对于其他环境也是一种优势，不同于学校、康复机构或社区，家庭对儿童来说是相对安全也更为熟悉的领域，在这种熟悉的环境中他们更容易接受各种教育的影响，从而有利于实现干预效果和促进干预效果的迁移。除了承认和帮助建立家庭优势，McWilliam（2000）指出不仅要从客观上帮助家庭强化其优势，还应该让家长从主观上感受到自己的优势和成长，增强家庭对自身能力的信心。因为在家长与专业人员的合作中，服务人员不仅提供直接服务还给予各种信息、情感等各方面的支持。如果家庭对自己的优势认识不足，在合作中容易缺乏自信，从而难以建立一种平等、主动的合作关系。而帮助家长认识自己的优势能增强他们的自我效能感并减少对专家的依赖性，有助于在合作中形成良性循环，使家庭掌握自身的命运。

（五）家庭需要和个别化服务

家庭中心早期干预承认每个家庭独特的生态文化环境，承认家庭资源和文化背景的多样性，指出应提供与家庭需求相匹配的个别化家庭服务。为提供针对性的服务，干预之前服务提供者首先要对家庭的生态文化环境有充分的了解，在此应注意，对于家庭相关信息的把握不应该站在一个外来人的立场上进行主观判断，优秀的服务提供者也应该是一个良好的倾听者，能够理解家庭独特的视角并据此调整要提供的信息与服务。

三、家庭中心早期干预实践——以澳大利亚为例

早在20世纪90年代，澳大利亚就开始了家庭中心特殊儿童早期干预。2009年，澳大利亚联邦政府教育培训与就业部（Department of Education，Skills and Employment）颁布了全国"早期学习纲要"，纲要提出早期干预的原则之一是与家庭建立平等的合作关系。纲要明确要求专业人员承认家庭在儿童成长中的重要作用，创建友好环境，尊重所有的儿童和家庭，并鼓励其合作参与儿童课程设计等。

（一）家庭中心服务的实践框架

在国家纲要基础上州政府制订了各自的纲要及具体行动计划，如维多利亚州政府早期学习和发展纲要中，在"合作关系"原则基础上明确提出实施家庭中心服务，并在 Dunst 等人（2002）研究基础上形成了特殊儿童家庭中心的服务实践

框架,见图2-2。

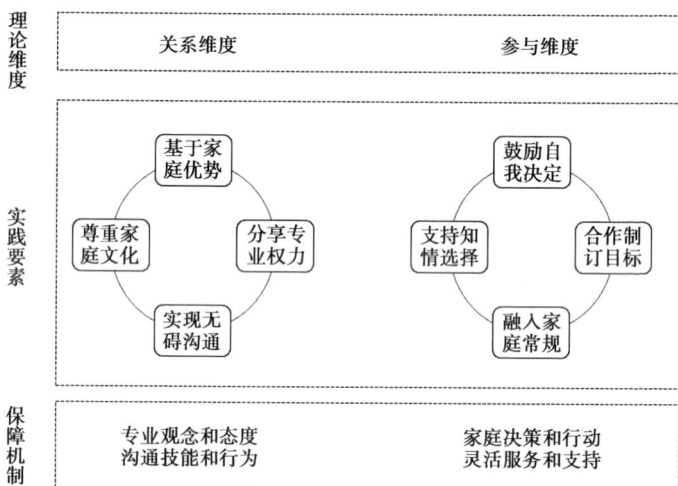

图2-2 澳大利亚维多利亚州特殊儿童家庭中心服务实践框架

　　家庭中心服务划分为关系和参与两个维度:(1)关系维度是指建立家庭和专业人员平等的伙伴关系,具体实践要素包括基于家庭优势、尊重家庭文化、分享专业权利和实现无障碍沟通。为建立积极关系,专业人员首先要对家庭尤其是教养能力和技能不足的家庭,持有专业的理念和态度,其次需具备良好的沟通技巧(如主动倾听、共情、尊重、非评判性等)。(2)参与维度是指创建机会,鼓励家庭积极参与儿童教育,实践要素包括鼓励家长和儿童的自我决定、支持家庭知情选择、与家庭合作制订干预目标、干预项目融入家庭常规等,专业人员为家长提供参与决策、选择和合作机会,并基于家庭的意愿为其提供个别化的、灵活的服务。

(二)SDN儿童服务中心Key Worker模式

在此框架下,澳大利亚早期干预机构开展了独具特色的家庭中心服务,其中以SDN儿童服务中心(SDN Children's Services)"儿童和家庭中心团队"(Team Around the Child and Family)模式为代表。SDN儿童服务中心是澳大利亚非营利性质的儿童早期干预机构,致力于在融合环境中促进儿童的健康、学习和发展。SDN儿童服务中心(曾称作Sydney Day Nursery Association,即悉尼日间照料协会)成立于1905年,目前在悉尼等城市已设30多个服务点,有600多名教职人员。该机构遵循联邦及州政府早期干预纲要的合作原则,尊重家庭在儿童发展中的核心地位,重视与家庭的合作,为服务儿童和家庭建立了"以儿童和家庭为中心"的合作团队,团队成员除家庭成员之外,有教师、康复师、社工等。根据家庭需要和优势,团队合作制订个别化家庭服务计划(individualized family service plan, IFSP)。由团队举荐一名成员作为关键工作者(key worker),负责团队的协调、家庭和团队成员的沟通,以及IFSP的执行。关键工作者可根据家庭需要在儿童的家庭、学校或社区的常规生活中开展指导和训练。SDN儿童服务中心的经验中包含家庭中心服务的两大要素。

1.跨专业团队合作

家庭中心早期干预需建立以儿童和家庭为中心的,包括家长在内的跨专业团队合作。区别于传统的机构干预中团队成员各自为政,跨专业团队合作首先要求团队成员共同为儿童和家庭进行评估,制订IFSP。其次,家长需充分参与儿童和家庭环境评估过程,为儿童和家庭的发展情况提供有价值的信息,计划的制订需基于家庭的优势,并充分回应家长的顾虑和意愿。最后,在实施阶段,由团队举荐的服务主要提供者(Key Worker),和家长一起负责IFSP方案的实施。团队其他成员负责监督计划的实施,为服务的主要提供者提供必要的专业支持,并在必要的时候辅助实施专业服务。

主要提供者对于跨专业团队合作的成效至关重要。国外有研究显示家长认为传统干预服务中家长需面对不同领域的专业人员重复告知家庭和儿童的信息,不断地调整以适应不同的工作风格,这种方式重复繁琐并耗时,他们期望有一个专门的负责人作为家庭和专业团队的中介,简化程序提高效率(Lotze, Bellin & Oswald, 2019)。主要提供者需按团队共同制定的IFSP,在团队成员的协助下对儿童和家庭进行指导和干预,并且定期将服务进展、家庭意见以及面临的问题等反馈给团队,修订完善计划。主要提供者可有效整合儿童和家庭的服务资源,提高效率,降低干预服务的成本(King et al., 2009)。因主要提供者的联络者和干预者等多重身份,其人选的选择需要充分考虑个人的性格特征、经验,以及与家庭需要所匹配的教育康复技术和能力等因素。主要提供者需要与家长充分地沟通,鼓励其参与儿童的康复训练。家长的合作和参与是不断学习和赋权增能的过程,随着与专业人员合作的推进,家长对干预人员、干预程序、干预技巧的熟悉度逐渐增加,其参与度也必然会同步增加

（Woodruff & McGonigel，1988）。

2.常规本位干预

家庭中心服务倡导利用儿童的自然学习情境,包括其家庭生活、学校生活、社区生活等情境开展常规本位的干预（routine-based intervention）。如上文所述特殊儿童的学习具有高强度的特点,需要在日常生活和学习中练习和强化习得技能。家庭中心服务中,专业人员首先向家长解释日常生活常规中所包含的自然学习机会及其对儿童发展的重要意义;其次,指导家长学习如何利用自然学习机会帮助孩子获得和实践所需掌握的知识和技能,简言之,就是将有意义的简单易行的干预训练融入生活常规之中。自然情境的学习有助于提升儿童的生活适应能力,也有利于建立儿童对家庭和社区的归属感（Dunst，Bruder & Trivette，2001）。

在具体操作层面,常规本位干预分家庭需求评估与支持服务提供两个阶段,第一阶段主要开展家庭和儿童需求的生态评估,制订IFSP。生态文化理论提出特殊儿童家庭适应的根本目的和普通儿童家庭一样是建立可持续的家庭常规,通过家庭常规可以评估家庭的生态环境和家庭需求。基于此,国外学者开发了家庭常规访谈工具,作为评估家庭生态环境和需求的辅助评估。如澳大利亚悉尼大学残疾研究与政策中心Llewellyn教授团队开发的"家庭生活访谈"（Family Life Interview）被广泛应用于评估特殊儿童家庭环境,为家庭中心干预提供支持（Llewellyn et al.，2010）。这一工具已翻译成中文,并在特殊儿童家庭评估中取得良好的效果。第二阶段即支持服务提供阶段。实施服务时尽量将教育训练内容融入儿童和家庭生活常规,以最大程度降低教育训练对家庭常规的破坏。家庭中心干预场所不局限于家庭,儿童所在学校、社区等均可作为干预场所。干预训练分为主要提供者主导和家长主导,无论何种方式,总原则是主要提供者需向家长提供示范,指导家长习得干预技能,并在自然情境中为儿童提供有目的的干预。

四、研究述评

至此对家庭中心干预的理论和背景、家庭中心服务的要素和实践模式做了回顾和总结,可以看出家庭中心服务相对于传统机构中心模式存在着自身的优势,可以弥补医疗缺陷模式下特殊儿童服务的不足。家庭中心服务将家庭整体作为服务对象,采取了优势视角,倡导基于家庭优势的服务,通过个别化的家庭服务为家庭赋权增能。国外研究为家庭中心服务在促进儿童个体发展以及家庭功能完善等方面的积极作用提供了实证证据,也在理念上被推崇为最佳实践模式。美国、英国、澳大利亚等发达国家在本国国情之下探索出了本土特色的家庭中心服务,比如澳大利亚的主要提供者模式,该模式将跨专业团队合作和常规本位干预相结合,成为独具特色的家庭中心服务模式。我国申仁洪教授(2017)论述了家庭中心服务模式的发展历程和核心价值观,并以美国家庭中心服务项目为例阐述了家庭中心服务的实践要素和模式。之后马书采(2019)详细地介绍了美国McWilliam博士团队所开发的家庭中心服务的常规本位实践模式,并在文章中倡导我国开展家庭中心服务模式的本土化探索。曾松添和胡晓毅(2015)对美国家庭中心服务方式之一的家长执行式干预的内容、结构、目标人群和效果进行回顾和分析。类似地,潘威等人(2020)对美国家长介入自闭症儿童干预的PLAY项目的优势、思路和效果做了分析。从我国现有的文献看出,家庭中心服务在国内还停留在理论探讨以及国外经验介绍的层面,鲜有研究者通过实证研究范式探索适合我国国情的家庭中心服务模式。本研究试图弥补这一空白。

第三节 家庭中心服务对家庭适应的影响研究

在生态学理论影响下,研究者倡导将家庭整体的发展结果作为衡量特殊儿童服务质量的指标,强调家庭中心服务(Bailey et al., 2006)。家庭中心指支持和强化家庭能力以促进儿童发展与学习的一系列特定理念、原则和实践方法。家庭中心服务分为参与和关系两个维度(Dunst, 2002)。参与维度是指创建机会,鼓励家长积极参与儿童教育。关系维度是指建立家庭和专业人员平等的合作关系。本章从家庭中心服务的家长参与维度和家长与专业人员关系两个维度梳理两者对家庭适应的影响及其中介因素。

一、家庭中心的实践维度:家长参与研究

家长参与是家庭中心服务的核心要素之一。家长参与指家长从事的一切直接或间接影响其特殊子女教育的活动,包括在家的教育以及参与学校教育(韩梅,2005),其对儿童发展的重要性已成为国际共识。世界各地都在不断加大对家长参与特殊儿童教育权利的重视,认可特殊儿童家长在参与学校决策、维护自己和子女各种合法权益方面的权利,英国、美国、澳大利亚等一些国家,在其教育法中制定一系列措施,对家长参与学校教育予以保障(田文华、亓秀梅,2004)。美国将家长参与学校教育作为发展的基础来强调,提出无论学校教育如何发展,家长参与学校教育都起着至关重要的作用。美国在1975年颁布了《全体残疾儿童教育法》,其中规定特殊儿童家长有权知道学校对他们的孩子所采取的各种相关教育措施,并且可以质询该措施实施的缘由,必要时还可以否决这项措施,也可以拒绝学校制订的教育计划等等。同时,我国特殊教育也越来越重视家长在儿童教育中的作用。《特殊教育学校暂行规程》指出学校需要征求家长的意见,帮助家长了解学校的工作,和家长一起创设良好的教育环境。由此可见,特殊儿童家长在教育子女的过程中,不再仅仅是家庭环境的提供者,还要成为学校教育的合作者。因此,家长更多地关注并参与孩子的教育、学校的教育,通过家校合作更密切地掌握孩子的成长,是未来学校教育发展的共同趋势。

家长参与是一个多维度的概念,主要包括家长指导和养育孩子;家庭和学校之间关于孩子的学习进展进行沟通;家

长支持和监督孩子在家里进行的学习活动;家长为学校提供帮助,以帮助学校环境的正常运作;家长参与学校政策和管理的决策;家长利用现有的社区资源促进儿童的学习和发展(Lau,2011)。而对特殊儿童的家长参与来说,还面临着额外的任务,例如寻求教育和康复的资源,参与孩子的个别化教育计划的制定,学习儿童认知、情绪和行为方面问题的处理措施等等(姚小雪、刘春玲,2018)。由此可见,特殊儿童对家长参与的要求更高,对家长的参与程度需求更高。

大量家长参与研究关注了家长参与对特殊儿童发展的重要意义,取得了较为一致的结果。对特殊儿童家长参与的相关研究发现,家长参与对听障儿童的语言发展、早期阅读技能、社会交往发展具有促进作用(Calderon,2000);家长在早期干预中越早且越频繁地参与干预项目,视障孩子的发展速度越快(Beelmann & Brambring,1998);在学龄前特殊儿童中,孩子的阅读成绩与家长参加幼儿园活动的次数呈正相关,孩子阅读水平随着家长参与次数增加而提高(Miedel & Reynolds,1999);脑瘫儿童的康复过程在家长参与后取得了更好的效果(常俊玲、徐艳杰、孙波,2005)。这表明家长参与不仅有助于特殊儿童的康复,而且有利于促进儿童积极行为和情感的发展。在家长参与对家庭影响方面,目前的研究数量较少,但 Gavidia-Payne 和 Stoneman(1997)早年对80个特殊儿童家庭的调查发现母亲的参与程度与家庭功能显著相关。Beson(2015)对美国113名自闭症儿童家庭为期七年的追踪研究发现家长参与有效促进了家庭适应。具体而言,家长在家参与以及家校合作显著地提升了家长教养效能和家庭的凝聚力,并且家长在家参与可以调节着风险因素如儿童的问题行为和压力对家长自身和家庭发展的负面影响。基于此,本研究推测特殊儿童家长参与会显著影响家庭适应。

目前国内特殊儿童家长参与的研究集中于现状调查,研究发现当前我国特殊儿童家长参与面临较多的问题:首先,在学校的行政事务方面特殊儿童的家长很少参与或参与的程度很浅,并且只是表面工作,如老师常常用学校安排的家校交流时间来布置作业而非与家长认真交流,最终结果就是家长参与水平较低(姚璐璐,2006);其次,家长参与的模式单一,主要以家访、家长会、电话联系为主,缺少家长与教师之间的沟通(米括,2018);最后,很多特殊儿童家长参与的意识和积极性较低,部分家长倾向于将教育的责任推给学校,尚未认识家长自身参与对儿童和家庭发展的重要性(关威、曹雁,2010)。由此可见,我国特殊儿童的家长参与对儿童、家庭的影响还有待进一步探究。

二、家庭中心的关系维度:家长与专业人员关系研究

家长与专业人员关系是家庭中心服务的另一个核心要素。Summers(2003)认为特殊教育中家长与专业人员的关系是以家庭为中心的实践。以家庭为中心的服务重视家长与专业人员共同努力,以帮助家庭发展潜能,帮助特殊儿童得到更完善的服务(Singer,2002)。在家庭中心理念下,Turnbull等人提出家长与专业人员的合作关系应遵循的七项原则,即沟通、专业胜任力、尊重、信任、责任承担、平等和倡导(江琴娣 等,2017)。已有大量研究证明家长与专业人员建立良好的伙伴关系,对特殊儿童的发展至关重要。例如,

Adams（2016）对123名普通学生和特殊学生的家长与152名参与老师进行"学校-伙伴关系"的调查,发现父母与教师的关系越好,父母越信任教师则父母参与儿童教育的程度就越高,就越有助于特殊儿童的发展;Bradshaw（2009）将678非裔美国儿童分为两组,进行干预实验,干预措施包括培训教师和其他学校工作人员与家长建立伙伴关系,每周开展家庭学校学习和交流活动,以及为家长举办讲习班等,发现进行家校伙伴关系干预的儿童的学业成绩、毕业率、大学入学率得到显著改善,并且特殊教育服务的使用率明显下降,说明建立家长与专业人员伙伴关系的重要性。我国也有学者从理论上探讨了特殊儿童家长与专业人员的关系,如胡晓毅（2005）探讨了特殊儿童家长与专业人员合作的历程,从隔离发展阶段向融合阶段转变,家庭和专业人员角色的转变等;白雪等人（2015）探究了特殊儿童家校合作模式,提到了特殊教育教师与特殊儿童家长关系应该是平等的、互相尊重的。我国有关特殊儿童家长和专业人员的关系亟待实证研究的进一步探索。

　　家长参与和家长与专业人员的关系有着密切的联系。Francis等人（2016）的研究指出专业人员为家长提供参与机会,包括参与机构的管理和日常生活,是促进家长与专业人员合作关系的重要策略。家长参与可以增加家长和学校的沟通,从而提升家长与专业人员的关系（Calderon,2000）。另外,特殊儿童家庭和专业人员在互动过程中所形成的良性高效的互动,有利于家庭适应能力的提升（Clavan,1975）;反之,家长与专业人员之间关系紧张、特殊儿童得不到适当、协调的服务会影响家庭适应（Todis & Singer,1991）。因此,本研究推测家长与专业人员的关系是家长参与和家庭适应之间关系的中介。

三、家长教养效能感的中介作用

家长教养效能感是指父母对成功完成父母角色的能力的信念,即对自身的教养能力或成功影响子女发展能力的自信程度(杨兢,2006)。教养效能感高的家长不会把特殊儿童看作是负担,在遇到教养困难时倾向于坚持努力寻求解决问题的积极策略,将挑战视为提升自身能力的机会(Bandura,1977)。Brown(2002)对46名自闭症儿童的调查发现家长教养效能感作为中介变量,可以调节儿童的行为问题对母亲的焦虑和抑郁的影响;Andreja等人(2016)对301名中学生家长的研究发现父母的教养效能感对家长参与学校行为有显著预测作用;Giallo等人(2013)认为父母的自我效能感将会影响家长的参与和家长的幸福感;通过对听障儿童早期干预的研究发现,特殊儿童家长的教养效能感密切影响家长的参与程度(Ingber & Most,2012)。由此可见,不管在普通教育中,还是在特殊教育中,家长教养效能感都是作为关键的变量,影响着家长的参与水平、家长的幸福感以及调节家长的焦虑水平等等。

双重ABCX理论模型及相关研究显示特殊儿童家长对于儿童以及自身能力的认知直接影响家庭适应水平(McStay, Trembath & Dissanayake,2014)。家长教养效能感是家庭中心服务关注的重要结果,也是评量家庭干预项目效果的重要指标。家长参与与家长教养效能感密切相关。

Popp 和 You(2016)对 2586 个特殊儿童家庭的追踪研究发现,在早期干预前期家长的参与水平可以显著预测在干预结束后家长的教养效能感。国内李晓巍和刘倩倩(2019)对3~6 岁儿童父母的跟踪研究也得到相似结果。据此我们推断家长参与可能通过影响家长教养效能感影响家庭适应。

四、研究述评

Dunst等人(2007)构建家庭中心服务的参与和关系两个维度对特殊儿童和家庭影响的理论模型,见图2-3。理论模型显示家庭中心服务直接影响儿童和家庭多方面的发展,也可通过影响家长的自我效能感间接影响儿童和家庭。Dunst等人通过对38篇家庭中心服务效果的实证研究的元分析支持了这一理论模型,其中家长参与维度相比于关系维度对个体和家庭影响力更强。研究者建议未来的研究需要在多个文化背景下通过中介效应分析来深入探究家庭中心服务对儿童和家庭的影响及作用机制,这也是本研究想要达成的目标。Dunst 等人的理论模型为本研究提供了理论框架,通过文献梳理发现家长参与和家长与专业人员的关系可能会通过影响家长教养效能感作用于家庭功能,这也是本研究假设的来源。但目前我国对于特殊儿童家长参与的研究主要集中家长参与对于儿童个体发展的意义,而家长参与对于家庭整体发展的影响研究缺乏。本研究将弥补我国家长参与、家长与专业人员关系领域研究的不足,为家庭中心服务的有效性和作用机制提供实证研究支持。

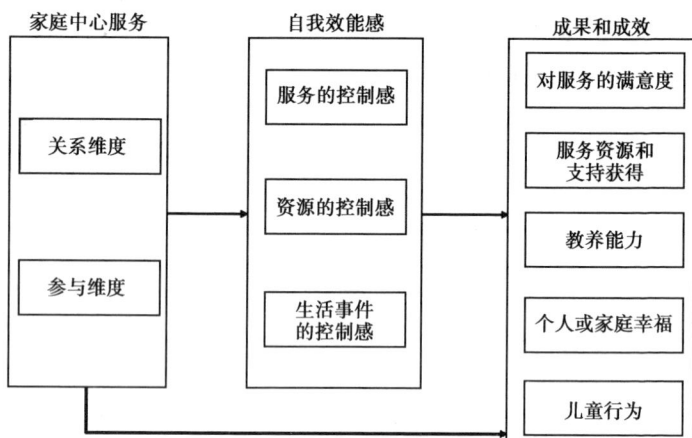

图 2-3　家庭中心服务成效理论模型图

第三章　研究设计

在前人的基础上,本研究将从生态学理论视角探析我国特殊儿童家庭适应状况,以提升特殊儿童家庭适应水平为主旨,探讨以家庭为中心的支持模式在我国实施的必要性和可行性。本研究采用混合研究设计,对特殊儿童家长包括祖父母和特殊儿童康复和教育机构的专业人员开展访谈和调查,以解决研究问题。本章详细地介绍了本研究的内容框架、研究设计,以及数据的收集和分析过程与方法。

第一节　研究内容框架

家庭中心服务以生态学理论为基础,突出强调和尊重家庭在儿童发展中的核心地位,并将家庭作为整体纳入服务对象,为其提供个别化的服务,致力于提升特殊儿童家庭适应。从生态文化学的视角,特殊儿童家庭适应的任务同普通儿童家庭一样是建立和维持有意义的可持续的家庭常规,来满足各家庭成员的需要。生态学理论认为个人和家庭的发展受社会文化生态环境的制约,但同时个人和家庭在与环境互动的过程中也会调节和改变所处环境。因此,本研究致力于探索在我国社会文化背景下特殊儿童家庭适应,并从改善家庭适应能力的角度探讨特殊儿童家庭中心服务模式的必要性和可行性。

从生态学理论视角,根据本研究的目的,本研究将聚焦三个内容:一是特殊儿童家庭适应调查。探讨我国特殊儿童家庭适应状况(即家庭如何根据家庭长远目标和利用已有的资源建立和维持有意义的、可持续的家庭常规)及其背后所蕴含的社会文化要素,家庭适应是家庭中心服务的基点,也是其归宿。了解特殊儿童家庭资源、优势是提供合适的个别化的家庭中心服务的前提。二是家庭中心服务模式与家庭适应的关系。通过量化研究进一步分析家庭中心服务对家庭适应的影响及作用机制,目的在于探讨家庭中心服务的必要性,即家庭中心服务是否能够显著提升特殊儿童家庭适应,以及两者关系的中介因素是什么。三是特殊儿童家庭中心服务模式可行性探索。通过质性研究探讨专业人员对实施家庭中心服务模式的看法,分析当前我国实施家庭中心服务模式可能存在的阻碍因素和促进因素,为家庭中心服务模式的本土化发展提供借鉴。研究内容的逻辑结构见图3-1。

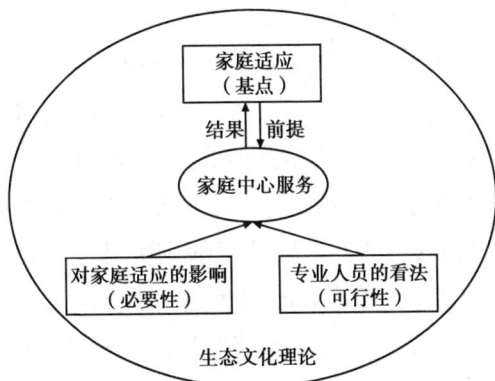

图3-1 研究内容逻辑结构框架

第二节 研究范式和对象

本研究将通过混合研究范式对特殊儿童家长、祖父母和特殊教育服务专业人员进行调查,探讨特殊儿童家庭适应和家庭中心服务模式。

一、研究范式:混合研究

混合研究方法是研究者在一项研究中兼用定性和定量的研究方法来收集、分析,整合研究发现,并得出结论。混合研究以实用主义为其方法论基础,研究者利用定性研究和定量研究各自的优势,在一个研究中统整使用两种研究方法,去更好地理解社会现象(Rossman & Wilson, 1985)。混合研

究方法在社会科学领域有其独特的价值。Greene 等人
(1989)在其经典论文中论述了混合研究设计的独特功能:一
是三角互证,即使用不同方法得到的结果进行集中、相互的
验证和连接,以增强研究结果的效度,减低单一方法研究的
偏差。二是补充,即使用一种方法的研究结果去阐释、丰富、
澄清另一种方法的研究结果,从而使研究结果对某一现象的
解释更加有意义。三是发展,即使用一种方法的研究结果来
帮助发展或形成另一种研究方法设计,包括样本选择、研究
工具的选择或开发等。四是创新,即通过两种研究方法的结
果去发现研究现象中新的矛盾、冲突,发现新的理论视角,以
提升研究结果解释的宽度和深度。五是扩展,即使用不同的
研究方法和组成部分去拓展研究的广度。总之,混合研究的
核心前提是比起单独使用定性或定量方法,结合使用两种方
法,能够更好地解答研究问题。

　　结合研究的目的和研究内容,本研究采用混合研究设
计。首先需通过质性研究方法描述特殊儿童家庭适应状况,
具体而言即通过对特殊儿童家长(含祖父母)的访谈了解特
殊儿童家庭常规的特点以及背后的社会文化因素。质性数
据来源于对特殊儿童家长(含祖父母)的个别化的深度访谈。
其次通过对家长的量化研究,分析家庭中心服务的两大要素
即家长参与、家长与专业人员之间的关系与家庭适应水平之
间的关系,论证家庭中心服务在提升家庭适应方面的有效性
和必要性,量化数据来源于对特殊儿童家庭的问卷调查。最
后通过质性研究深入探讨专业人员对家庭中心服务的可行
性的看法以及可能的实施策略,质性数据来源于对特殊教育
机构专业人员的小组访谈。本研究两个质性研究和量化研

究的关系是平行的、并列的,不同研究方法所收集的数据和结果之间是相互验证的关系,共同服务于家庭中心服务模式的本土化探索这一中心问题和主旨。

二、研究对象

　　课题组选择湖北省武汉市特殊儿童家庭和专业机构作为研究对象。湖北省位于我国中部,经济发展水平处于全国中等水平,常住人口约5800万。武汉市是湖北省省会,经济发展位于全国城市前十,常住人口约1232万,全市共设13个区。本研究对象来自武汉市江岸区、洪山区、武昌区、黄陂区等多个行政区的特殊儿童教育和康复机构,机构的服务对象范围广泛,包括智力障碍、自闭症、脑瘫、听觉障碍等各类特殊儿童。本研究的对象主要是特殊儿童家庭成员,包括父母和祖父母,以及特殊儿童服务机构的专业人员。根据研究目的和内容,本研究的研究对象分为三组:一是针对家庭适应状况的个别访谈的家长和祖父母;二是针对家庭中心与家庭适应关系的问卷调查的家长;三是接受家庭中心服务可行性的小组访谈的专业人员。

　　对于质性访谈对象,课题组根据研究目的和内容,通过机构管理者分别向家长和专业人员发放了邀请函,邀请函中详细地注明了课题研究的主题和目的、访谈的内容、形式、所需时间、课题组联系方式等,有意愿参与课题研究的家长或专业人员可以通过扫描邀请函二维码注册个人信息,或者填写回执由机构老师或管理者转交课题组。在收到回执后,课题组成员及时与被试取得联系,再次告知研究的目的和意义,确认自愿参与原则,并商定或告知访谈的时间和地点等信息。对于问卷调查的对象,课题组同样与特殊儿童教育和康复机构的管理者取得联系,并请其协助发放问卷,问卷首页附有本研究的邀请函,标注课题信息和参与方式等信息,注重强调问卷的匿名性,保证对被试信息的保密。通过此方式共邀请到34名父母(含一名姑姑)和15位祖父母参与个别访谈,379名家长参与了问卷调查。来自武汉市六所特殊儿童教育和康复机构的37名一线专业人员和两名湖北省残疾人联合会的行政人员及秘书参与了小组访谈。

第三节　数据收集和分析

研究通过个人访谈和小组访谈两种形式收集质性数据并使用主题分析法对质性数据进行分析,通过问卷调查收集量化数据并使用差异检验、相关、回归分析等方法对数据进行分析。

一、质性数据收集和分析

(一)个人访谈数据收集

1.个人访谈

访谈法是具有一定结构和目的的谈话,访谈的目的在于发现访谈对象对某个问题或现象的看法或收集个人的故事(Patton,2014)。个人访谈即访谈者和访谈对象一对一地对话,访谈者向被访者逐一提问,被访者按要求一一作答。根据访谈者对访谈过程的控制可分为结构化、非结构化及半结构化访谈(Merriam,1998)。结构化访谈又称标准化或封闭性访谈,访谈者所提的问题、问题的次序和方式是统一的,是高度控制的访谈。非结构化又称非标准化或开放性访谈,是无控制的访谈,访谈者和被访者围绕一个主题展开自由交谈。半结构化访谈处于两者之间,访谈者往往根据事先准备的提问提纲进行提问,但提问的问题、问题的顺序、方式等可根据实际情况进行灵活处理,访谈者也可根据需要自由地探索和追问。相比于结构化与非结构化,半结构化访谈取二者之长,既可以保证获得系统性的信息,又给予访谈者充分的自由去获取更加深度的、丰富的信息。基于此,本研究的个人访谈使用半结构化访谈的方式。

2.访谈工具

(1)家庭适应访谈提纲。本研究参照澳大利亚悉尼大学 Llewellyn 团队编制的《家庭生活访谈》(Family Life Interview, FLI)作为访谈工具(Llewellyn et al., 2010)。FLI 是根据生态文化理论编制的用于特殊儿童家庭常规的半结构化访谈工具。FLI 旨在检查家庭日常生活的可持续性,涉及照顾孩子和做家务、平衡需要与兴趣、家庭关系、社会参与、获取支持五个维度,该工具所涉及的维度能够较好地体现特殊儿童家庭常规的各领域,并且在特殊儿童家庭研究中表现出良好的信效度指标。课题组对 FLI 进行了翻译和汉化,其翻译过程如下:首先,由一名硕士研究生对 FLI 进行前译,由课题组组长对翻译的语法、语言表达进行校对,使其符合中国文化和语境;之后,请一名学前教育专业讲师和一名特殊教育专业副教授,两人均在澳大利亚取得博士学位,精通两国文化和语言,对翻译文本进行回译;接着,课题组将回译的版本和原版本进行对照、分析,对不一致的地方进行重新翻译和调整,最终形成了FLI的汉语版本。

(2)祖父母适应访谈提纲。针对祖父母适应的访谈提纲的编制工作围绕三个主要的研究问题开展:①祖父母如何看待照顾特殊孙辈的责任;②祖父母参与照顾特殊孙辈对当下生活的影响;③祖父母照顾特殊孙辈的心路历程是什么样的。参考汉语版的FLI进行了删改,使其符合研究问题,但也基本涉及照顾孩子和做家务、平衡需要与兴趣、家庭关系、社会参与、获取支持等五个维度。在初步的访谈提纲框架下,邀请三位具有质性研究相关经验的特殊教育专业研究生参与提纲的审核,并根据其修改意见在问题维度、言语表达和提问顺序三方面进一步调整。

3.数据收集过程

(1)预访谈。在正式访谈之前课题组组长对访谈者就如何使用FLI进行了一个小时的培训,对访谈提纲的问题逐个进行了讨论,并进行了预访谈,发现有一些问题过于抽象、概括。为了访谈的顺利进行和获得更加真实、具体、生动的资料,对访谈提纲进行了补充,对一些需要追问的题目在访谈提纲中进行标注,提醒访谈者对重要信息的挖掘。对祖父母正式访谈前,为了使问题更加贴近老年人的表达习惯,并使访谈实施者进一步熟悉访谈提纲,邀请了一位56岁的祖母进行预访谈并做了详细记录。通过预访谈,研究者修改了部分不符合老年人口头表达和实际情况的问题,改善了部分访谈策略,如预判访谈中可能遇见的突发情况并组织好提问策略,提前了解特定被访者并根据其实际情况调整访谈提纲等。

（2）正式访谈。课题组成员收到回执后便及时与其取得联系商定访谈地点,多数访谈在特殊儿童所在的教育和康复机构的一间独立的办公室内进行,部分在被访者家中、咖啡馆或其他被访者认为方便的地方开展。访谈持续时间从四十分钟到一个半小时不等。访谈开始之前,访谈者会再次告知课题的信息及自愿参与的原则,在征得受访者同意的基础上使用录音笔记录,同时在访谈中将印象深刻的事件、情感和想法也及时地记录下来,与获得的访谈资料一同整理分析。访谈是一个主体与客体一起营造访谈情境、共同构筑实施的过程(赵梅菊,2017),因此研究者与受访者的关系构筑非常重要。在实际的访谈过程中课题组成员时刻注意并尊重受访者,注重与受访者关系的建立,以及注意倾听、回应、提问等技巧的使用。

(二)小组访谈数据收集

1.小组访谈法

小组访谈法是指在一个经过训练的主持人的引导下对象围绕预设好的主题在轻松的氛围中展开充分的讨论,彼此之间可以相互启发和相互补充以获得对于研究问题更为深入的见解。本研究中34名专业人员分为八个小组,分别由八位特殊教育专业硕士研究生担任小组访谈者。课题组在兼顾访谈对象的意愿基础上,有目的地引导其打乱工作单位、职业、身份就座,促进不同领域的观点的碰撞,同时防止来自同一机构的被研究者由于过于熟悉而在研究中使用他们内部约定俗成的过分概括化的语言、偏离主题纯粹聊天、顾忌同事在场而无法展开话题这三种情况对研究主题讨论的深入程度的影响。

2.数据收集过程

（1）准备阶段

第一，访谈对象的招募。课题组提前联系武汉地区主要特殊儿童机构，向机构老师发放了邀请函。第二，对访谈者进行集中的培训和任务分配。培训包括家庭中心服务模式的基本知识，以及小组访谈相关技巧及实施流程。

（2）实施阶段

本次活动采取工作坊的形式开展，课题组邀请了悉尼大学健康科学学院残疾人研究与政策中心主任，也是FLI的编制者Gwynnyth Llewellyn教授来武汉向特殊儿童康复和教育机构的人员介绍家庭中心服务模式。活动第一个环节，Llewellyn教授对家庭中心服务模式作一个简要的介绍，并分享了澳大利亚在家庭中心服务模式上的实践。活动第二个环节，在每组提前分配好的访谈者的引导下，被访者围绕"第一，现在为家长提供了/作为家长获得了哪些服务；第二，你认为在国内实施家庭中心服务模式是否可行"这两个问题进行讨论，访谈时间控制在一个小时左右。

（3）总结讨论

参与访谈的访谈者在小组访谈结束之后进行了总结会议，会议主要交流在访谈过程中他们所获得的重要主题和访谈的感受，尤其是八位访谈人员在访谈过程中发现的共有的重要主题，并且在当天上交了一份访谈者的个人感受报告，由课题负责人进行初步的整理分析，为后期数据分析提供参考。

(三)访谈数据分析

1.数据的整理

资料的整理和分析是贯穿于整个访谈过程的,在获得每一份访谈数据后及时进行分析是一种有序且有效的分析策略,能够及时识别出相关概念及问题,使接下来的访谈与观察更为敏锐和具有反思性(Juliet M.Corbin & Anselm L. Strauss,2015)。访谈结束后,研究者使用讯飞听见软件(版本为v1.5.1011)立即将录音初步转录为文本,随后逐字进行人工复核,一方面对未能识别的武汉方言进行人工转录,另一方面将被访者在访谈过程中的哭泣、微笑、沉默等非言语信息识别并标注出来。观察记录及访谈中的即时笔记同样是数据的重要来源,观察记录被放在访谈转录文本开头,即时笔记和转录过程中的想法以批注的形式记录在转录文本上。基于伦理原则对转录文本中人名、地点、场所等可能揭示被访者身份的信息进行匿名化处理,以确保被访者的隐私安全。

2.数据的分析

数据的分析是与访谈同时推进的,是由描述入手对数据进行分类、比较并不断解释意义建构理论的循环往复的过程(莫妮卡·亨宁克、英格·哈特、阿杰·贝利,2015)。本研究采用Strauss提出"扎根理论"三级编码方式,采用从下而上建立实质理论的方法,找出核心概念,建构相关理论(陈向明,1999)。通过一级开放式编码、二级关联式编码和三级选择式编码不断进行提炼、归纳、分类、挖掘核心范畴,串起一条"逻辑线",以呈现出访谈对象的观点与态度。研究中的个人访谈和小组访谈均采用相似的程序进行数据分析。

（四）研究信效度

1.信度

为保证质性数据分析的信度，首先由访谈组组长对文本进行编码，形成编码代码本，之后再与课题组其他成员共同讨论编码是否合适，对于有不同意见的编码再次审视、作出调整，包括更换编码、拆分编码、合并编码等操作，最终获得的一级开放式编码。在编码合适的基础上进行下一步分析，最大限度地防止编码的定义性偏离。为避免对编码主观性方面的质疑，课题组随机选出若干个访谈文本（家长访谈3个、祖父母访谈2个、小组访谈1组），邀请课题组之外的独立编码人员对转录文本进行登录和开放式编码，并根据人工编码情况计算一致性信度。所选文本的编码一致性均达到70%以上，表明编码较为忠实且可靠地概括了被访者的观点。

2.效度

本研究主要通过使用详细描述、三角互证、研究者自省三种方式确保研究效度。首先是详细描述。收集丰富的原始资料。在资料收集整理过程中为每一个被访者编上序号并将其对应访谈录音及文本、关于研究场景和被访者的表情神态的观察记录、研究过程中的心情随感等放在对应文档中，以便分析和理解过程中随时返回对比和相互印证。在最后的呈现文本中力求完整地记述整个研究过程，以便读者对研究结果的可转移性做出明智的判断。其次是三角互证。为了确保所述信息的完整性，研究者将访谈内容和访谈过程的实时观察、从机构教师口中获得的信息相互印证。每次访谈结束时,访谈者会在最后 10~15 分钟通过口头总结被访者的表达,以检查是否准确理解前面访谈中的中心意义。再次是研究者自省。在访谈结束后及时记录下访谈的情景、访谈者的观察与感受,在得到研究结论后可以结合访谈日志追溯到研究过程的每一阶段。通过回顾观察日记可以帮助研究者在回顾和整理访谈录音时更好地临境于受访者生活情境。同时,在研究日志中对访谈者的访谈技巧、存在的问题、情感和价值倾向等可能对结果产生影响的因素进行反思。

二、量化数据的收集和分析

(一)研究工具

本次调查问卷《特殊儿童家长调查问卷》(见附录),主要包括五个部分,分别是特殊儿童家长和特殊儿童相关基本信息的调查,家庭适应调查,特殊儿童家长参与调查,家长对专业人员的关系调查,以及特殊儿童家长教养效能感调查。

1.基本信息

基本信息包括家长信息和孩子信息,家长需要在所给出的答案中选择符合实际情况的选项。其中家长信息包括家长角色、年龄、婚姻状况、学历、职业、家庭收入状况、家庭结构、户口所在地等;孩子的基本信息包括孩子的性别、年龄、是否为独生子女以及障碍类型等信息。

2.家庭适应量表

家庭适应量表改编 FLI 量表部分,该量表基于生态文化理论,通过了解家庭常规维持状况测量家庭适应水平。本量表已在对中国特殊儿童家庭的研究中进行翻译、校对和审核。量表采用9点计分,1表示最符合家庭情况,9表示最不符合家庭情况,得分越高表明家庭适应水平越高。本研究采用最大变异法对家庭适应量表的31个题目进行探索性因子分析,保留特征值大于1的因素,最后确定为19题,分四个维度。家庭适应量表在本研究样本中的内部一致性系数Cronbach's α 为 0.877,生活常规(6题)、家庭关系(5题)、获取支持(4题)、社会参与(4题)等四个维度的 Cronbach's α 系数分别为 0.871、0.785、0.845 及 0.768。

3.家长参与问卷

家长参与问卷选自姚璐璐编制的《特殊儿童家长参与子女早期教育调查问卷》。采用五级计分,从"没有""很少""有时""经常"到"总是",以0到5分计分,得分越高表明家长参与儿童教育的频率越高。本研究对量表中的27个子项目采用最大变异法进行探索性因子分析,保留特征值大于1的因素,最终特殊儿童家长参与量表共21个项目,包含家校交流(9题)、在家教育(5题)、参与校内活动(5题)、参与学校行政(2题)4个因子。该量表在本研究中的 Cronbach's α 系数为 0.887,家校交流、在家教育、参与学校事务、参与校内活动四个分维度的 Cronbach's α 系数分别为 0.883、0.809、0.826、0.634。

4.家长与专业人员关系量表

家长与专业人员关系量表改编自美国堪萨斯大学 Summers 等人(2005)编制的《家长与专业人员关系量表》(Family-Professional Partnership Scale)。该量表基于家庭中心理念编制。为提升测量工具的跨语言等值性,首先由一名英语专业的硕士研究生翻译英文条目,并由1名精通英文的特殊教育专家校对翻译的语法和表达。接着,由一位取得国外博士学位的特殊教育专家对问卷做回译。之后,请获得国外博士学位的特殊教育和学前教育专家各一名对有异议的条目进行审议和修改,直到意见一致。正式施测前请两位未参与本研究的特殊儿童家长对问卷语言的可理解性提出意见,最终完成问卷的翻译和修订。对家长与专业人员关系量表进行探索性分析,得出以家庭为中心(8题),以儿童为中心(6题)两个维度。家长与专业人员关系量表的Cronbach's α系数为0.950,其中以儿童为中心和以家庭为中心分维度的Cronbach's α系数分别为:0.957和0.905。

5.家长教养效能感量表

家长教养效能感量表(Parenting Sense of Competence Scale)是由Gibaud-Wallston和Wandersman1978年编制的。该量表已在国内特殊儿童家庭群体中应用表现出良好的心理统计学特性(Su et al.,2017)。家长教养效能感量表采用六级计分法,从1"完全不同意"到6"完全同意",共12题。得分越高则代表家长教养效能感越强。本研究中家长教养效能感量表的内部一致性Cronbach's α系数为0.740。

(二)收集过程

研究中家长问卷发放形式主要分为两种,一种是在征询得到特殊教育机构相关部门领导和特殊儿童家长同意后联系特殊教育教师,由相关专业人员在家长接送孩子的过程中向家长发放问卷。家长可以选择当场填答,或带回家填答,并按约定日期收回问卷。在填答问卷前教师为家长讲解问卷填写方式,除此之外问卷中附有研究者的联系方式,家长在填答问卷中发现问题时,能够及时咨询以便更好地完成问卷的填写。另一种是由研究者直接与特殊儿童家长联系,在得到同意后,采用上门调查的方式,对家长进行一对一的指导,请家长现场填答问卷并回收。

(三)数据处理

首先,将筛选后的问卷进行编号,并运用IBM SPSS 26.0软件录入数据并建立数据库。其次,对所有录入的数据进行极端值和错误值的处理,并对量表中的反向计分题进行转换。最后,再进行数据分析。数据处理分为以下几部分:第一,用因子分析和Cronbach's α系数检验所使用问卷的心理测量学性质。第二,通过描述性统计中的标准差和均值对特殊儿童家长的参与程度、家长与专业人员之间的关系以及特殊儿童的家庭适应能力的情况进行报告。第三,用人口统计学变量对家长的参与程度、家长与专业人员之间的关系、家长的教养效能感以及家庭适应水平进行方差分析。第四,进行各个变量之间的相关分析,再用一般线性回归分析各个变量对特殊儿童家庭适应的解释率。第五,进行家长教养效能感、伙伴关系、家长与专业人员关系对家庭适应力和其他相关变量的中介模型检验。

第四章　特殊儿童家庭适应
之特点

　　根据生态文化理论特殊儿童家庭适应的任务就是维持有意义的可持续的家庭常规。有意义的可持续的家庭常规主要表现为平衡、意义、契合和可预测等四个方面。具体而言,适应良好的家庭的常规生活能够照顾不同家庭成员的利益和需求,符合家庭的生活理念和长远目标,有足够的资源可资利用,以及生活常规是规律的、可控的。本章从生态文化理论视角出发剖析了我国特殊儿童家庭适应的特点。在前人的研究以及我们的研究均发现祖父母在我国特殊儿童家庭中扮演着不可替代的作用,是家庭适应过程中一个不可忽略的力量,因此本研究将祖父母适应单独呈现,一起构建相对完整的特殊儿童家庭适应图景。

第一节　家庭适应特点

　　为探索我国特殊儿童家庭适应的特点,对特殊教育和康复机构的39位特殊儿童家长进行了一对一深度访谈,被访者基本信息见表4-1。从数据分析结果发现,特殊儿童家庭常规表现出以下四个特点:特殊孩子利益优先、注重家庭关系和谐、家庭未来生活不可预测以及家庭资源有限。

表4-1 家长访谈个人信息表

编号	关系	家长年龄	家长职业	家长受教育程度	儿童年龄	儿童性别	残疾类型	其他子女(性别和年龄)
A1	母亲	27	Yes	高中	6	男	自闭症	无
A2	母亲	39	Yes	大专	8	男	自闭症	无
A3	母亲	30	No	高中	3.5	男	自闭症	无
A4	母亲	35	No	不明	9	男	自闭症,癫痫	女,5
A5	父亲	48	No	高中	7	男	自闭症	男,13
A6	母亲	43	No	高中	6	女	自闭症	男,23
A7	母亲	41	Yes	大专	6	男	自闭症	无
A8	母亲	28	Yes	初中	5.5	男	自闭症	无
A9	母亲	39	No	大专	9	男	自闭症	无
A10	母亲	37	No	初中	6	女	自闭症	男,11
A11	母亲	42	No	不明	6	男	自闭症	女,16
A12	母亲	38	No	不明	7	男	自闭症,脑瘫	女,14
A13	母亲	28	Yes	本科	5	男	自闭症	无
A14	母亲	40	Yes	高中	4.5	女	自闭症	无
C1	母亲	40	No	大专	6	女	脑瘫	男,11
C2	母亲	36	No	本科	7	女	脑瘫	无
C3	母亲	40	Yes	本科	11	男	脑瘫	男,3
C4	母亲	42	No	大专	14	女	脑瘫	无

续表

编号	关系	家长年龄	家长职业	家长受教育程度	儿童年龄	儿童性别	残疾类型	其他子女（性别和年龄）
D1	母亲	40	Yes	本科	3	女	唐氏	男,12
D2	母亲	30	Yes	大专	6.5	女	唐氏	无
D3	母亲	46	No	初中	6	女	唐氏	男,21
D4	母亲	38	No	不明	6.5	男	唐氏	女,13.5
D5	母亲	40	Yes	初中	4	男	唐氏	无
D6	父亲	44	Yes	大专	10	女	唐氏	无
D7	母亲	37	Yes	大专	16	女	唐氏	无
D8	母亲	55	No	小学	11	女	唐氏	男,已婚
D9	父亲	33	Yes	大专	5.d	男	唐氏	女,2.5
D10	母亲	34	Yes	高中	1.5	男	唐氏	女,11
D11	母亲	41	Yes	高中	7.5	女	唐氏	女,6
D12	父亲	48	Yes	小学	11	女	唐氏	女,25
I1	母亲	35	No	高中	9	男	智力障碍	无
I2	母亲	39	Yes	本科	10	男	智力障碍	无
I3	母亲	33	Yes	初中	8	男	智力障碍	无
I4	母亲	39	No	初中	4	男	智力障碍	男,12
I5	姑姑	35	Yes	高中	7	男	智力障碍	女,12
I6	母亲	29	No	高中	3	男	智力障碍	无

注:A代表自闭症(autism)儿童家长,C代表脑瘫儿童(cerebral palsy)家长,D代表唐氏综合征(Down syndrome)儿童家长,I代表智力障碍(intellectual disability)儿童家长;数字代表在某类儿童家长中的序号,如A1代表1号自闭症儿童家长。

一、利益平衡:孩子优先

平衡是指家庭生活能够满足所有成员的需要。在访谈的家庭中,多数家庭难以顾及各个家庭成员的利益和需求。当各家庭成员的需求无法平衡时,会将特殊儿童需求放在首位,其他人的需求排后。这一安排体现在家庭的开支、家长的工作安排以及个人时间等方面。

(一)家庭开支

对于经济条件一般的大多数家庭而言,特殊儿童的康复和教育费用占家庭收入的大部分,因此家长们表示会在家庭开支方面优先安排特殊儿童的康复和教育费用,必要的时候压缩父母自身的物质需求。家长们谈到个人的需要时强调最多的是父母在吃穿方面可以"将就","苦一些也没有关系"。C1认为父母都一样,都会先满足孩子康复和上学的需求,父母吃穿都可以省。同样,D11也认为只要能够让孩子多学一点东西,父母怎么将就都可以。I3和D12家庭也同样如此。

> I3:收入来源,因为我们为了将就他在这里上学,我们就自己经营了一个小店。因为店子很小,所以房租也很高,压力也蛮大的。说实话,因为我们的经济来源也不是很稳定,我们毕竟是做服务行业,都是做小本生意。我们的收入就先紧着他学费这一块,因为我们外地的学费,他也有八岁了,也不能报销,没有任何的报销,六岁之前是有的,然后六岁以后就没有了。然后我们六岁以后也一直坚持在这上,是因为觉得他

变化还蛮大的,在这个学校有效果。但是现在他一个月差不多4000块钱,3800多块钱一个月在这边的康复训练费的话。然后先紧着他学费,然后其余的再来安排别的。反正我觉得我们一年下来,除了他的学费,我和他爸爸几乎没有添置任何新衣服、新鞋子,就都是紧着他那一块,我们觉得我们苦一点没关系,不让他苦了就行。我觉得都还好,就这样。因为我们没有想说需要什么,每个月只要他能够上学就行了,只要他能有学上,其余的我们都可以将就好像觉得,所以我们将就习惯了。

D12:就以我们现在这个经济,在一个学期里她要买什么东西,我们还是满足,只要她愿意学。比如买那个鼓,用手拍的那个鼓也要几百块啊,300多块钱,她一说我马上就买给她。300多块钱就300多块钱了,反正是为了她嘛,挣钱也是为了她,就是说,大人嘛只要有吃的就行了,只要你有什么要求,如果要没本事也就算了,经济再困难也会满足她,比如班里有什么活动啊? 需要钱呀或者什么的,都去满足她。

从以上的描述中可以看出特殊儿童在家庭中的地位,以及家长对儿童康复和教育的重视。也有部分家长反映除了教育和康复费用,家长也会尽一切能力给特殊子女在饮食、穿着或其他各方面提供更加优质的生活。根据部分家长的解释,对特殊子女的优先照顾也可能来自家长对子女的愧疚感。因为特殊孩子的残疾,父母会更加"心疼",有研究也发现特殊儿童父母往往会感受因为没有给特殊孩子一个完整的生命而感到自责、惭愧(Yang,2015),这也造成了部分家庭对特殊孩子的偏爱,甚至溺爱。

D10:这个肯定就是在生活方面我们肯定就是你按说自己穿啊、吃啊可能差一点,就是孩子的话,都给孩子最好的。他格外就是说他这样的伢(武汉话:孩子),我们比对他哥哥还要心疼他一些,我们家特别疼他,然后经常带他出去玩呀,对他也精致一点,吃的穿的喝的,我们都给他用好的。

D6:但是该给她买的什么我们都买了,家里面我不吃什么我都给她买,她要什么我就给她买什么,她要什么东西我从来不含糊的,包括他爷爷,他爷爷现在去世了嘛,她要什么他爷爷就给她买什么,因为别人总是感觉亏欠他一样。大伯大妈每次来都是要什么吃什么,要什么买什么,因为正是想到他是这样的小朋友,所以都尽自己最大的可能去满足她,比正常小朋友还要弄什么,孩子穿旧的或者什么都不会都要买新的。

(二)个人时间

在家庭中每个人的发展需要家长付出一定的时间和精力。在特殊儿童家庭中,特殊儿童的特殊的、高强度的照顾需求,往往会占据照顾者大量的精力和时间,减少父母个人的发展机会。绝大多数家长谈到为照顾小孩,他们不得不牺牲个人的休息、娱乐时间,全心投入孩子的日常照顾中。

D8：反正一天 24 小时，除了在学校，晚上就接回去，晚上接回去反正也是跟她在一起，等她睡着了，寻思晚上让她早点睡，等晚上她睡着了我起来了哈，没到五分钟，她也起来了，必须等她睡熟了你才能起来做事，有时候她洗完澡脱掉衣服，等她睡着了再洗，昨天也是我起来搭衣服，人家又起来了。

I5：自己的时间就是晚上呗，每天工作，白天工作忙忙碌碌的一天，因为有的时候说实在的，我们做销售压力挺大，出去见客户什么的，有的时候受一些打击，工作上遇到一些困惑，情绪又有点低落，回家再遇上一个这样的孩子，然后就感觉白天的时间不属于我自己的，我要工作，然后完了三四点钟把他接回去，又要做饭，又要搞他怎么样的。他搞完了，然后到晚上 7 点多什么的，给他弄完了，洗好了，弄完了，然后要教他一会认知什么的，搞完了之后，一般在 8 点半，因为 8 点半我就要让他睡觉了，不然因为他 8 点半上床，他最起码他要 9 点钟才能睡，他老在床上要搞半天，我就在床上给他说一会话，然后我就拿个手机在那里就开始给我朋友，那个时间就属于我自己的，就聊一下怎么样了。然后他又不认识字，但是他又非要趴在你身上，趴得好近好近了，他一直盯着。好，慢慢地他就睡着了，然后睡着了。那一会儿时间，就是我在睡觉之前那点时间就是属于我自己的。我就可以跟朋友什么的一起聊聊天。我每天的时间就是这样子过的。

部分家长提到全家都在"围绕孩子转,一点空间也没有",因照顾孩子,搁置了个人的兴趣爱好,如C1提到她和丈夫因为没有时间已经很久没有看过电影了。C6曾经喜欢看书、画画,但现在这些爱好特长仅能够用来完成孩子学校布置的手工、美术作业。也有家长认为因为缺少个人时间,减少了家庭成员与他人的社会交往的机会。有些家长在长年累月地照顾子女的过程中,感受到孤单和精神的压力。

A6:现在一天到晚都陪他,一点自己的时间都没有。他爸爸也是的,他爸爸之前都有同学聚会,有应酬。现在都是围着孩子转,一点儿空间都没有。

A8:我昨天还在想,我在这边真的一个朋友都没有,我的时间是全部(花在小孩身上)。有的时间一般呢,都没有说跟朋友(出去玩一玩)。从去年过来了到这里,到现在只加了两个家长的微信,偶尔跟他们聊一下,就认识他们两个。家庭里面有一个这种(孩子)基本上都快要疯掉了。

(三)家庭与工作

同普通儿童家长一样,多数特殊儿童家长面临着家庭和工作间的权衡,只是对特殊儿童而言,因照顾子女的难度和强度增加,导致家庭的责任更加偏重,尤其是母亲作为主要照顾者,通常会为了照顾家庭和小孩主动或被动放弃或调整工作。在访谈中很多家长认为照顾特殊孩子和工作是对立的,两者是难以兼顾的,"你只是有了他就不能工作"(A5)"我本来还要到我们社区上班的,我那上班不行,八点送,请人也不放心,算了算了,"(A6)"就我怎么看待工作跟家庭之间的关系啊,现在目前的心态就是带他就是我的工作。所以说,你说自己的私人时间嘛,他睡着了,我就下班了。"(A9)因特殊儿童生理、心理的缺陷导致照顾需求的特殊性,需要家长有灵活的时间来应对各种突发状况,因此有的家长为方便照顾小孩,舍弃高薪工作机会,更换了薪资较低但时间更有弹性的工作,甚至主动或被动地放弃了晋升机会。

　　I2:为了能够随时照顾孩子,时间更加灵活,换了一份工作。很大一部分是这个原因,首先你的工作你要有时间去接送他,那你就需要时间了,你送到这里来再去上班对吧,你要提前走你要接他所以说我本来找的就是这样的工作嘛,不是这样的工作我就做不了。原来的公司都不能谈了,因为搬得太远了,他们是怎么说呢,因为我的老板其实是希望我回去的,可是我跟老板说得很直接,等我把孩子送到学校再过来就是中午了,等我吃了中饭还没上几个小时的班我要去接孩子了,路程远就意味着我一天下班的时间要更早,我说你要来干嘛呢,我又能做什么呢。

　　A13:因为孩子的原因,影响了自己的工作晋升。也会带来一些影响,有知情的领导会觉得,哎呀本来想派你去,做个什么事,你就是挺有机会的一件事,但是呢,那你这个孩子怎么办呢? 知道这个情况的他会觉得你这个孩子没有人照顾,那就算了,会为难你的,那我就安排另外的人,这会产生一点点影响。对,对。当然他是出于好意,他觉得是这样。

家庭和工作的权衡是多数家长的难题,无论是主动还是被动地放弃和调整工作,多数家长表达了如果有选择他们更愿意去工作。一方面,可以增加家庭收入,改善家庭生活条件;另一方面,就个人发展而言,一些家长担心没有工作会缺少社交机会,时间久了会与社会脱节。

> C4:其实我自己个人的话,我也想自己出去多学一点东西什么的,但是因为要全职照顾他,我也没有时间出去……我觉得我在家全职带他可能会和社会有点脱节一样的感觉。因为和社会的接触毕竟会少一些。

本研究发现多数家长会为了满足孩子教育和照顾的需要而投入金钱、时间和工作,甚至做出个人的牺牲。这和MaCabe(2007)对我国自闭症儿童家庭调查的结果是一致的,在她的研究中,自闭症儿童家长表达了很坚定的决心,他们甘愿付出自己全部的爱和努力,包括花光家庭积蓄、调动工作来满足孩子的需要。从生态文化理论的角度,牺牲部分家庭成员的利益来满足特殊儿童的需要被看作不合理的家庭常规,对家庭是不利的。但站在我国社会文化背景下,家庭的这一安排和决策又有其合理之处。在我国的文化背景下,子女往往看作是父母的骨肉,也是家庭的希望,父母们坚信"只要儿女好了,什么都好了",为子女提供物质的、情感的和教育的付出被看作是父母的责任。Huang 和 zhou(2016)对特殊儿童家长的研究发现持这种传统观念越深的家长越倾向于为子女无私付出。值得注意的是,特殊儿童家庭的父母因为自责、羞愧等情感也会促使家长将特殊子女的需要摆在优先地位。除了文化原因之外,在我国特殊儿童家庭支持的缺乏,如教育和康复资源的不足、特殊群体看护服务的缺失、社会企事业单位工作实践的弹性和人性化薄弱等问题也是造成特殊儿童家长做出资金、时间、工作等各方面调整的重要原因。因为专业服务体系的不完善,家庭只有依靠自身的调整才能满足家庭成员尤其是特殊子女照顾的需求。

二、生活意义:家庭和谐

有意义的家庭常规符合家庭的价值体系和长远目标,在访谈的家庭中,多数家长提及家庭关系,认为家人和睦同心对家庭而言是最重要的。在家庭关系中,被访家长着重强调了夫妻关系、与祖父母的关系,以及特殊儿童对于家庭的意义。

(一)夫妻和谐

在家庭关系中,夫妻关系是第一位的。访谈中多数家长认为他们的夫妻关系是和谐的。家长认为夫妻关系和睦的一个根本原因是彼此目标一致,这一目标就是为了孩子而努力。如I2提到"夫妻关系很好,矛盾很少。因为都会想到为这个孩子多想一点"。"反正我觉得这几年来随着我和爸爸年龄的增长,反而就是说对事情的理解之后,关系会更融洽,更为这个家,然后凝聚力会更高一点,为这个孩子奋斗"(C4)。根据家长的解释,夫妻关系和睦的重要的原因是夫妻双方分工合理。多数家庭中依然是传统的女主内、男主外的分工模式,但是对于适应水平较高的家庭,父亲在时间精力有条件的情况下共同承担了家务劳动和子女照顾。父亲的参与形式主要包括在工作之余帮忙做饭、洗衣服、照顾子女起居、接送子女上学、辅导子女作业等。

I1：我一般在家最主要的是做饭带孩子，然后我老公他自己在创业，有时候能帮帮忙。我有时候把孩子早上送到学校以后就到他那边帮忙。然后星期六星期天在家陪陪孩子。跟他爸爸两个人谁有时间谁照顾。

对于双职工家庭而言，虽然母亲承担主要的家务和照顾孩子的责任，父亲得主动承担，夫妻双方发挥各自的优势，共同协作对夫妻关系和谐是至关重要的。

I3：家务一起承担，谁有时间谁就做。一般带他户外活动的话都是他爸爸，因为他（特殊孩子）太大了，然后体重也比较重，我一般的情况下搞不动他，所以一般户外都是爸爸。

C1：妈妈主要承担照顾孩子的责任，爸爸也会帮忙。其实希希跟他爸爸关系更好，因为我以前特别忙，相对而言，他爸爸，管孩子的时间多一些，包括希希他们以前上幼儿园，帮他们幼儿园搞什么，他离他爸爸公司特别近，他爸爸就会把他接到他公司里去，然后晚上下班的时候一起带回来。他们有很多时间在一起的，然后相对而言我早上，我可能早就走了，晚上会很晚回来，我经常还加个班，然后就更晚了，所以我，我跟他们在一起的时间相对而言要少一些。我是接手了希希,才跟他关系好一点,但是跟他爸还是要差一点的。他有吃的首先是第一个给他爸爸,他爸爸是有耐心的那种人,因为我跟他搞有时候会很烦啊,特别累,耐心不好,但他爸爸就相对而言,两人就,嗯,我在不耐烦的时候,他爸爸就会把他赶紧接过去。

　　D2:有时候在家做饭啊,就是他负责做饭我负责洗碗,他负责做卫生我负责洗衣服,我们保持得比较好。另外周六周日在家的时候,周六他爸爸上班的,我这边有时候周六也会加班,如果说都加班的情况下,我一般就把孩子放在他爸爸那边,因为他们老板这个人还比较好,可以理解。就星期六我就把他放到那边一天,然后星期天我们两个人就是如果我加班的话他就带孩子,如果是我们两个人都休息的话那就非常好,那就做半天的卫生还有半天带孩子出去玩。

　　而在少部分适应水平相对较低的家庭,父亲往往很少参与家务劳动和子女照顾,有的被访者母亲将其归结于丈夫工作繁忙,没有时间和精力顾及家庭。但有的家庭,被访的母亲认为丈夫没有意愿参与家务分工和照顾小孩,家庭分工的不平等和不合理是夫妻关系不和的重要原因。对于个别家庭如I4夫妻常年两地分居,父亲常年在外地工作,母亲一人带特殊小孩生活,这种情况母亲的压力很重,如该母亲谈到如去年小孩生病,她一个人24小时看护,自己也感染肺炎,却没有时间住院医治。

　　D4:我老公就是除了他自己开车,他基本上家里任何事情他都不插手,他也没时间管,基本上他早晨回来时孩子就送到学校去了,基本上到下午了孩子们接回来了,他已经走了。

D10:他爸肯定是要上班呀,因为生了小宝之后两个孩子,我们负担也蛮重的,他爸爸就上班,然后两个孩子啊家务啊什么的都是我一个人来做的。

A10:照顾子女也是我一个人在做,没有其他人的帮助。就是星期天的时候带他出去,他老爸也不想去,都是我要求的,你要把这个小孩儿带出去。他上班上累了嘛,他也不想去呀。他不管,都是我在搞。

家庭生活尤其是夫妻之间即便是和睦相处、关系和谐,在生活中也难免会存在冲突。根据访谈结果,家庭中夫妻关系最大的冲突在于子女教育观念的差异。与我国的传统的严父慈母的教养模式不同的是,在被访家庭中更多的是严母慈父的教养方式,父亲主张宽松随性的教养。但也有家庭,父亲批评母亲溺爱,母亲批评父亲体罚教养。在不同的教育理念之下,夫妻双方会存在争端。

C1:兴趣爱好各方面都是的,有的时候我可能就期望值会高一些嘛,爸爸就那种随遇而安的性格。就觉得,没必要,那个让孩子背负太多,然后有的时候我也怕耽误了孩子,有时候有点急嘛,就这方面有点(分歧)。

A2:那肯定啊,为了那个为了孩子各种行为问题,我跟他爸爸不知道吵了多少架,我跟他爸爸的观点还是很不一样,因为这个带孩子这个事儿吧,就是理念不同。对他同一个问题,你觉得应该那个样,我觉得应该这个样,大部分时间他是不会管的,但他实在看不过眼了,他过来我就会很强势,觉得你平时都不管,你现在凭什么过来管。除了宝宝之外,我们感情还是挺好的,互相帮助,反正我们还好,为孩子吵,也不是为了孩子有缺陷而吵,而是为了他更好而吵。

　　但是对夫妻和谐的家庭,在面对冲突的时候能够通过冷静的、有效的方式沟通解决问题。比如C1提到当他们遇到冲突的事情会先冷静一段时间再找时间沟通,与此相似,C3也认为夫妻之间总会有矛盾和争吵,需要双方沟通进而达成默契,及时解决矛盾,才能维持稳定的夫妻关系。但有些家庭的夫妻关系不和,冲突矛盾不断,其主要原因在于彼此不理解对方的付出和辛苦且拒绝沟通。

　　A12:爸爸还不是有时候在家里扯皮,还不是说我在家里带孩子舒服,他在外面做事很累。我说你在外面做事,我也知道很辛苦,我在家里也不容易,带着两个孩子,有的时候我还是笑着跟他说,我说那我跟你换好不好,你回来带孩子我去做事,他说你去做事,怎么可能呢。有时候也是这么说,还是有时候说为这孩子扯皮,总在扯那没办法了。

　　D4:他唠叨完了,就唠叨完了吧? 我现在忍耐比较大感觉度量比较大,也习惯了,反正肯定得一个人让着一点,要说什么话都斤斤计较的话,经常爱闹,而且闹得狠了,他可以不管孩子,但是女的不能不管孩子,有一次跟他闹得不做饭,我说你不管的话,孩子姓

陈，又不是跟着我姓。他说我自己都没得吃了，我干
嘛要管孩子？他心比较粗一些，肯定也没像女的心那
么善，毕竟是自己生下来的要顾得多一些，他一天都
没吃，怕他饿着吧，男的不那样想，肯定那只能自己
忍着。

沟通在特殊儿童家庭适应中扮演着重要角色。纪文晓
（2017）在对我国罕见病儿童家庭抗逆力研究中将家庭的沟通
分为内在关系一致性取向，即家庭成员的态度、价值观和信念
一致；以及形式交流取向，即对与一些情感无关的事实沟通。
从本研究的访谈中发现，夫妻关系和谐的家庭的沟通往往表
现为两个方面都比较顺畅，即夫妻双方的价值观和目标一致，
比如在教养冲突中双方均明白都是为了孩子更好地发展，以
及针对具体的矛盾展开沟通。而对于夫妻关系冲突的家庭，
沟通往往不畅，表现在双方价值观不同，如D4家庭夫妻双方
对孩子的态度不同，以及以女性"忍耐"为主的相处方式。

（二）祖父母支援

在我国，由父母、成年子女和孙子女构成的主干家庭或
"临时主干家庭"依然比较常见，在谈及家庭成员及其关系
时，被访者往往会谈到老人（祖父母或外祖父母）的支持和帮
助。（外）祖父母对家庭的支持是多种形式的，包括实质性的
帮助，即料理家务、照顾子女以及经济支持。

C4：外公外婆都会帮着我照顾她。这两年开始是
我专职在带她，她从一岁多开始做康复，一直都是外
公外婆在带她。她的年龄大了之后，爷爷奶奶、外公

外婆的年龄也大了,就是说体力上已经跟不上来了,有急事的时候都会过来帮把手。

A13:(外公外婆)他们之前……在外地就做点小生意,也是我上班的时候一直为我带他,觉得带得很辛苦,他们就回来帮忙,帮了我挺大的忙的。外公外婆周六周末的时候会照顾孩子。三四岁开始带他的,这有两年了吧。

D2提到孩子的爷爷是电工,为照顾小孩从农村老家到市里上班,帮忙分担家庭开销。相似地,C2也提到祖父母给家庭经济方面的支援,一方面,是直接的经济援助;另一方面,通过照顾孙子女从而使父母有时间和精力回到职场,减轻家庭经济方面的压力。

C2:前期就孩子在五岁之前基本上是入不敷出的,双方的父母都会给我们添很多,而且当时是本来要买房子,把那个钱都用掉了。那几年特别苦,后来这两年我们相对而言就轻松很多……那个时候我也短暂地上了一年多的班,相当于那段时间是外婆接送,所以经济情况条件就稍微好了一点。

其次是情感方面的支持。祖父母情感方面的支持主要体现在对特殊的孙子(女)的接纳和喜爱,很大程度地减轻了父母,尤其是母亲的心理压力。

D1:公公婆婆包括他们两边的家庭,老人都健在的,就是都对这个事情抱着很……我觉得是特别正能量的情绪和心态去面对的,所以我觉得家里没有很多压力给我，我在这一块特别幸运…像有的家庭就很无知，就会责备儿媳。其实这个东西很多方面的因素到现在也没有一个具体的说法是吧，我公婆婆就很坦然地接受了……然后我公公婆婆他们知道这个事情以后，一宣布出来所有人都觉得这个孩子我们要好好养，要给他更好的生活条件，就是要尽我们的能力创造更好的东西给他然后他才会更好……我公公当时就说了一句话，让我也很欣慰，他说这个这就是个残疾的孩子嘛，他说中国残疾孩子上千万，人家都能养，我们家为什么不能养？我觉得好朴实的话，但是特别感动那种，所以这个事我们家里头其实整个就是顺顺当当的。

但也有部分家庭处于孤立无援的状态，有些祖父母因居住距离远，祖父母年龄和身体状况不允许客观原因无法参与照顾成年子女的家庭和孙子(女)。如A9家庭中孩子的爷爷中风两次且肾功能衰竭，奶奶需要全天照顾，无暇顾及。但也有少量家庭是因为如父母与祖父母教养理念和方式的矛盾、祖父母无法接纳特殊孙子(女)等主观原因而祖父母没有提供帮助。

C1：以前奶奶在我们这里的话，希希特别依赖她的奶奶，奶奶也比较宠孩子嘛。再加上他们的沟通交流方式，希希要什么东西她就指一下，她一个眼神，奶奶就知道她干啥了。因为她生下来就奶奶带着，所以我发现她那种状态不好。教什么东西，希希当时是不配合的，我训她，她奶奶看不过眼啊，我要是把她单独地弄到一个房间里去看书,或者教她什么东西,她肯定是不接受的呀,她肯定愿意跟她奶奶两人出去玩儿了。后来她奶奶就走了,我们也没办法让她奶奶来,在我们这里要让希希(学东西的话),必须让她奶奶离开。

C2:他爸爸的父母不太接受我们的孩子。他们家可能比较好面子,他们可能更多地觉得说一个孙子的到来,非但没有让他们得到周围人的羡慕的或者是祝福,反而好像会给他带来一定会被人诟病的一个话题点,所以他们很回避这个孩子。

祖父母的支持无论是在中国还是西方社会都是特殊儿童家长最重要的支持来源。在我国祖父母支持,尤其是对孙子女的教养和照顾又显得格外重要。在2006年中国综合社会调查中显示约六成的父母为成年子女提供家务或照料子女等方面的支持,这与我国传统以利他为核心的代际关系相关,也与我国社会巨大的生存和生活压力有关。刘汶蓉(2021)认为在巨大的社会风险之下且社会保障体系不够健全,成年子女的生存压力向父母转嫁,依赖父母在物质、情感、家务和照顾子女等各方面的支持。对于特殊儿童家庭而言,子女照顾的责任更重,生存压力更大的情况下,祖父母的支持显得更为迫切和至关重要。但需要注意的是,目前社会对于残疾人的歧视和污名化依然存在,在我国社会文化背景下,对残疾人的歧视很容易传递到与其亲近的人,包括隔代亲人身上,因此也给祖父母带来了较大的心理压力和适应困难。若祖父母无法接纳特殊孙辈这一事实,他们往往会表现为特殊孙子女的排斥、拒绝。对于祖父母的适应问题我们在下一章具体展开讨论。

（三）观念改变

　　子女往往被父母寄予很高的期望，为子女提供好的生活和教育也是父母和家庭共同努力的目标。但是特殊儿童的出生往往会让父母和家庭的希望破灭，并承受着普通家庭之外的更多的责任和挑战。国内外的研究均显示为养育特殊子女赋予意义是家庭适应的一个重要过程，因为它会影响到家庭成员对自我价值的认识，以及家庭发展的方向（Liu & To, 2021）。在访谈中当问及特殊儿童对家庭的影响时，多数家庭表达了积极的看法。他们认为养育特殊儿童对其个人以及整个家庭来说都是积极的，或者说并不是一件坏事。从对个人的影响而言，家长认为养育特殊儿童增强了个人的责任心，并促进了个人知识和能力的提升。

　　D2：对自己的影响就是，我会觉得有这样一个孩子之后对于家长，特别是对于年轻父母来说，从此就学会了承担，就像我们现在都是自己带这个孩子，我们已经习惯了。可能有的我们身边的其他家长，自己带孩子的话会觉得很困难，每天会觉得很烦很累。但是对我们来说不会，带他的这几年我觉得把自己的心气全都磨掉了，就是暴躁的那个部分，变得更宽容一些。第一个是性格方面的变化，第二个你就会逼迫自己去学习，我们每个家长应该都是这样的，有了这样的孩子之后你就会努力地去学习怎么样把孩子带好，怎么样更细心地照料他，怎么样为他将来谋划。所以说会变成更有承担的父母。我觉得大多数父母,特别年轻父母都会有很大的成长,都会变得更加稳重一些,生活、工作各方面都稳定一些。

　　对于整个家庭而言,特殊儿童为家庭带来了欢乐,I1提到特殊孩子就是家庭的"开心果",总会给家庭带来意想不到的开心。也有家长认为特殊孩子让家庭成员更加懂得家庭和睦的重要意义。如I2所说:"有一个稳定而温暖的家庭很重要,非常重要,这可能比其他任何一个条件都要重要。"同样地,C1认为特殊孩子让他们意识到家庭靠一个人的努力是不够的,必须得家里人齐心协力、团结一致,因此养育特殊儿童也改善了家庭关系,提升家庭凝聚力。

　　D1:我们两个人的处理方式都改变了,也成熟了,心境也不一样了,很多东西就是互相包容,然后去理解。有了这个孩子以后彼此都看到对方的辛苦,比如说他父亲在外面工作的辛苦,然后我在家养孩子的辛苦,现在三岁了还在身边这么带着,要正常孩子不都上幼儿园了吗,就能够更多地去理解包容。然后我们现在基本上能够交流,然后互相鼓舞一下,因为老大让我们着急很崩溃呀,因为确实不好好学习,学不进去。我们也是挺替她着急的,心平气和下来两个人就谈,孩子有时候会让我们很受挫,有时候她那个表现很不好,然后她爸就说,你又说这种话不好啊,即使经历了挫折咱也得相信美好。现在能够很融洽地进行有效的沟通,其实有效的沟通很重要……自从有这个孩子了以后,我女儿她跟别人讲,说我们全家更好了,她说我爸爸成熟了、长大了，比以前有担当了、有责任心了，懂得更爱这个家庭。然后我的变化就是很明显的，心情就好了、平静了，现在面对事情的时候更坦然了。包括我女儿的个性也改了很多，因为有这个妹妹因为有各种各样家庭的琐事发生，可能整个的这个经历就是让我在提升自己，我觉得我们有这个孩子反倒是更好了。

D2：我觉得对我们家庭来说，整体上是一个比较积极的影响，觉得全家人心比较齐，这一点嗯我们孩子虽然特殊，但是我还觉得他也是起到了一个团结我们家人的作用，包括她爷爷奶奶爸爸妈妈，是吧？都是为这个孩子，为这个孩子就是说为他将来在考虑，这样的家人心思在一起的。

但是养育特殊儿童，家长会经历比较长的心路历程，从刚开始的震惊排斥到后期的接纳并不是一蹴而就的，访谈的家长提到对特殊儿童的认识和接纳都经历了漫长的适应过程，这一转变可以归因于孩子的成长和进步、得益于家庭成员的彼此扶持，以及自我不断调适。

D1：当时我一直也是很忧郁走不出来，我先生他跟我说了一句话，这句话我一直记着，因为这句话让我有一下子就醒了的那种感觉。他说尽我们的努力过得更好，这个孩子才能更受人尊重和喜欢，你现在已经特别痛苦了，你就应该想方设法让自己活得更精彩一些，如果你不精彩，岂不是很亏，你就应该活得更精彩，用这种精彩来弥补这种损失。我觉得这个有道理,我就应该过得特别开心,然后孩子跟着我一块也会越来越好。我觉得这个道理讲得很透彻,很对,所以我就一下子反应过来了。从那以后我就每天就乐得跟什么似的,然后就走出来了。

I2:其实这个影响呢,估计也是要看爸爸妈妈的心理了,如果你很难接受这个事实,那影响是巨大的;如果你接受这个事实,唯一的影响可能就是经济和你的精力。正常的孩子有正常的孩子的烦恼,这样的孩子有这样的烦恼,对于我来讲,积极方面更多,起码我们是一个完整的家庭。

D8:也不是说有什么影响,不管什么事情吧,看开了就没有影响了,你开心孩子也开心,你要是看不开孩子也愁。孩子的好赖取决于大人,你要想让孩子走得远一点,你就必须走得远一点。开心也是一天,不开心也是一天,为啥不开心呢?啥事你得看开,你要是成天愁不也是这样了。就像她奶奶,我说你成天愁,为啥不开心呢?我说孩子开不开心取决于你,那孩子真的取决于大人呀,不开心也是过着一天,开心也是一天。你开心身体好能把孩子多带一天,你有病了孩子谁带?你操心的那不还在后面吗?啥事都得想开,我说别看我文化不高,我啥事都看得开,心放开了想的就不一样了。别管你年轻还是岁数大,我现在也想得挺开的,前两年看不开的事也做过,现在已经从那个过程走过来了,什么事都看开了。就是你看不开,到时候你生病难受谁也帮不了你。你要身体好了呢,你还能帮助这个家,这就不一样了,负担也轻,儿子负担也轻,自己负担也轻。

但并不是所有的家庭都能够通过调试达到适应的阶段,访谈的部分家庭依然觉得养育特殊孩子很疲惫。在他们的口中叙述更多的是特殊孩子的缺陷和不足,以及对家庭的负面影响。

D3:早上起来就是弄他啦。煮饭去吃,喂他,喂他之后就带孩子到特殊学校里去上学,就在那边。放学中午就在那里吃饭,放学之后就带她回家,那还不累?我一直是有病,上半年一月份查的血糖高、血压高,毛病不好,一直想去检查,但是没有时间。有时候就由着他这个性子算了,不管他。就是累的时候就不管他,让他过两天,他就好一点点。有时候太累了,就不管他了。他有时候犟起来就蛮犟,你拉又拉不动他,拽又拽不动他,那就由他这个性子来。翻东西的习惯啊,犟啊,不走路啊,让你抱呀,不吃饭还要你喂饭他吃啦,该做的不做,不该做的要去做,就是这样的。一眨眼的工夫就把你不该弄的东西都给弄了,专门做坏事,好事做不成,专门做坏事的。

D4:现在就说养孩子可能负担也重,养这样的孩子嘛,肯定心理啊精力啊都是比较有压力的。心情,心情蛮重的,(爸爸)有时候总爱在家里唠叨一下说一些反正不怎么好听的话之类的,就是孩子肯定从我肚子里面生下来的哈,肯定有我的问题,他怪我的责任多一些。对家庭来说,夫妻关系肯定是差一些吧,反正经常一搞的时候就闹,闹离婚之类的。

与 zhao 和 Fu(2020)对我国自闭症儿童家庭的研究结果一致,本研究中的特殊儿童家长适应依赖于家庭成员的支持以及自我调适和自我学习。在儒家思想的影响下,中国人普遍认为家庭成员是紧密联系的,且有义务相互支持。这种关系尤其是反映在代际关系中(即父母与子女的关系)。因此直系亲属的支持,无论是实际状况还是心理期待方面,均是处于核心地位的。

在这一漫长的适应过程中,几乎没有家长提到过专业人员为其提供的支持。其原因一方面可能与我国文化背景有关,家长认为家丑不可外扬,进而不愿意去寻求专业人员的帮助;另一方面,也与当前针对家庭的专业支持不足有关。Mas 等人(2016)指出当专业人员的服务无法满足家长的需要时,他们会向配偶或其他家庭成员寻求支持。在一些发达国家往往会有专门针对特殊儿童家庭的咨询服务或家庭干预等专业服务,帮助和支持家庭更好地适应。但我国目前对特殊儿童的服务主要围绕特殊儿童的需要,家长咨询和培训也主要围绕着教养技能和儿童干预训练技巧展开,较少关注其他家庭成员如父母的心理健康等。

三、家庭未来:活在当下

有意义的家庭常规应是有序的,可预测的,而非混乱的。访谈结果发现特殊儿童家庭往往将孩子看作家庭的未来和希望,孩子的发展的不确定导致家庭的未来的难以预测。家长往往付诸现实的努力以应对不可知的未来。

（一）孩子决定未来

可持续的生活常规具有可预测性的特点。但在我们的访谈中绝大多数家长在谈及家庭未来规划时表示"不敢想"（A9），"预知不到"（A4），"是不确定的事"（A5）"没有想过"（I3）甚至"没有未来"（A12），他们认为未来有太多不确定因素，其中最大的不确定因素就是特殊孩子的发展状况。他们不知道孩子将来会发展到何种程度，有家长提到"一个孩子就是一个家的未来"（A3），孩子状况的不确定导致家庭未来的不可期。

> C1：我对她姐姐什么都不太担心了，我就是操心希希。现在的状态的话，虽然她还在发育嘛，是还在成长，但她成长到什么程度我也不知道，所以她的未来有很多不确定性，我们也一直不能把心放下。

有些低年龄儿童的家长担心孩子即将面临的教育问题，家长担心特殊孩子有没有机会上普通小学。我国虽然有政策规定特殊儿童有权利和机会随班就读，但依然取决于孩子个人的学习能力。如A8家长担心孩子的语言能力可能会成为进入普通学校学习的障碍。

> A8：他现在五岁半了，我不指望他六岁能上小学。他七岁能不能上小学？就又担心这个问题。本身他沟通方面（就存在问题）。就先想上小学的时候怎么办？要是他如果这样下去，上小学的时候怎么办？就只能一点点（考虑），不能往后面太长了，那我就实在太累了，想得太长了就太累了。

更多的家长担忧未来孩子的生活,如婚姻、就业等问题。

D2:其实我觉得将来最大的(担心)就是孩子长大之后,他的生活方式。怎么说呢,这个孩子如果说是正常的孩子,将来他有工作,有自己的生活,可能会有朋友,可能会结婚。但是我们的孩子这些都是未知的,现在对我来说可能现在孩子小,我想得比较远,但是将来总会面对这个问题的。他到了十七八岁之后,比如说到了青春期他会怎么办,他会有自己的想法,然后他将来的朋友这一块我也觉得是一个很头疼的问题。就是还有他将来可不可能会谈朋友、结婚啊,这些都是蛮难、蛮纠结的事情。还有就是刚才我说的工作也是蛮纠结的,虽然说我们尽力在想着,将来跟我们在一起,但是还是需要一个长远的一个计划,也是一个未知的,如果说他能够融入,比如说有一个地方可以接收他,有工作当然更好,但是这也是未知的,谁知道有没有呢,对吧。

D11:婚姻不敢奢望,你如果要找个跟他一样的,那肯定是不可能的;你如果找个正常的我怕别人家里接受不了,对不对? 又怕别人觉得是个负担了,对他不好呢。以后的事情我还真的不敢想象。

更多的家长担心将来父母老了或者去世后,谁来承担特殊孩子的照顾责任。

C4:就怕我和爸爸身体情况不好的话,这个孩子没人照顾。因为我了解过别人,就说一般像养老院都不愿意接受这样的孩子，就不知道他以后的路往哪走，我们老了之后这个孩子怎么办。一直以来，我们所有的顾虑就在这个点上。

D3：他长大以后怎么办？我们没了他怎么过日子？以后他有他的一生啊，我们陪伴不了他的一生啊，是不是的呢？他以后的日子该怎么样过？

少数家长将未来的照顾责任寄希望于其他子女。在我国家庭成员之间的义务责任不仅反映在代际关系中，也反映在同辈关系中，表现在手足之间相互支持的责任和义务。这一点在特殊儿童家庭中尤为明显。特殊儿童家长不同程度地期望兄弟姐妹能够以不同的方式照顾特殊子女。但同西方国家类似的是，家长担心对其他子女生活的影响，另外其他子女的照顾意愿和能力也是家长担心的问题。

A4：我当时要的时候我就想，我们有特别老的一天，总要一个人照顾他，是吧？我要他就是这个想法，所以我一直灌输他，我要你就是为将来我们老了，来分担他的（照顾责任）。他是你亲哥，你就一个哥，你就有义务照顾。

D4：有时候总想大的读书成绩并不是蛮好，还不是担心后期小的靠谁来养呢？给她压力可能也大一些，然后（姐姐）脾气也不好，她说反正我读书也读不进，以后也没钱养，没钱养你们也没钱养弟弟，还不如死了算了。所以那个时候她反正就是怪我不该生这一个的。

D12：那现在我们还在，我们尽自己的努力做到位,但是指望姐姐呢,她姐姐自己还有事,估计也是……这个要看她姐姐的本事大小,她有那个本事,她能照顾一下;她没那个本事的话,她自己都难。这个难说,这个说不清楚,到时我们这个老的有本事,钱可以存得更多,到时候她姐姐帮着看一下,反正有钱给她用那就差不多;你要是没得钱要她掏钱呢,我估计那就不太好。

从这些家长的陈述中,可以发现家长对未来生活的担忧主要集中在特殊儿童的发展方面。从表面来看是特殊儿童及家庭内部的事情,但是其深层反映出来的是特殊儿童和家庭的社会保障机制不完善,包括特殊儿童的教育、就业、婚姻、养护等多个方面。虽然我国有《中华人民共和国残疾人保障法》《中华人民共和国残疾人教育条例》《中华人民共和国残疾人就业条例》等多项政策法规以保障残疾人平等的权利,但是在现实中依然存在实施方面的困境导致特殊儿童教育、就业等困难,这也是特殊儿童家庭面临的困境和挑战。依据生态文化理论,特殊儿童家庭常规受社会文化因素的制约,因此提升家庭生活的可预测性的关键在于为特殊儿童及家庭提供更完善的保障机制,而不是将其仅看作家庭的责任。

(二)活在当下

在未来不可知的情况下,多数家庭选择回避这个问题,而付诸当下的努力,有家长指出"只能说走一步算一步"(D12)。虽然未来有很多不可预测的因素,但很多家庭致力于抓住当前可以控制的方面。有的家长认为不管将来状况如何,孩子的自理能力对将来的生活质量都是至关重要的,因此他们在尽最大努力提升孩子的能力,以免将来成为他人的负担。

C2:我现在能够保证的就是让她追上,在她的自我能力范围、身体素养、精神智力发育、她的人格、独立的完整性,包括这些方面,希望她好一点,其他的我就帮不了太多了。不管是哪个方面的,只有等她自己有了能力以后,才能够去应对社会现状。至于说保障她怎么样的生活,没有任何人能够给她保障,只有靠她自己。

I2:最大的一个焦虑是对将来的,如果他能够做到在别人看护的情况下自理,其实对看护他的人来说也好。然后你即便有这样一个机构对吧,你付出的精力是不同的。而且当孩子越来越大的时候,他很多时候犯的错误别人不会原谅的,小孩子不一样。小孩子越来越大,越来越大,成人以后即便你是这样的情况,这样的人,也很难能够得到别人的原谅和谅解。

还有一部分家长努力提升家庭的收入水平以及自身的健康状况,为孩子的未来发展提供保障。

C4:真的是不敢往后想,因为目前这个孩子越往后开支肯定是越大的。我们慢慢变老,我们的收入会越来越少,他的开支是越来越大的。只能说爸爸现在努力赚钱,就为这孩子多留一点,只能这样。能够多留一点是一点。

D7:孩子啊,第一个精神压力会有很大,再一个就是经济压力会有很大。有的孩子养到 20 多岁,你会有盼头吧,她会自己挣钱了,对吧,那么我的孩子我一辈子养着她。这是我们必须要面对的问题,就像我,我必须要努力地去挣钱,而且多挣钱,挣到就是我们三个人一起养老的钱。

Huang 和 Zhou(2016)在对自闭症儿童家长研究中,其访谈对象也表达了"过一日算一日"的思想。有研究者认为这是一种消极的应对方式,但我们更倾向于认为这是特殊儿童家长的一种信念,看似消极,却蕴含着一种力量。依靠这一信念,家长才能从日常的生活中找到希望以应对未知的未来。

四、家庭资源:勉强维持

生态文化学理论指出维持家庭正常运转需要与家庭理念和目标相匹配的资源。但资源并非越多越好,而是能够满足每个家庭成员的需要。本研究中特殊儿童家庭资源主要包括家庭经济收入以及家庭之外的机构、政府和社会的支持。

(一)家庭经济状况

在访谈对象中,只有两位家长认为家庭经济状况良好,如 D1 提到家庭收入稳定,能够满足家庭的需要和孩子的康复费用,不存在经济问题。绝大多数家庭父亲通常是家庭唯一的经济来源,家庭收入勉强维持生活所需,如 C1 提到家里四口人只有丈夫一人工作,家庭收入能够维持吃饱穿暖而已,无法满足精神追求。相似地,A9 家中也只有丈夫一人的收入,虽然工作相对稳定但也是"只吃不存"。

A11:经济状况困难,爸爸是做厨师嘛,显然肯定是不容易的吧,因为他爸爸一个月也就5000多块钱呢。我们大的那个读高中,生活费一个月就要1000块钱,有时候还要什么资料费啊,不够。家里面那个小孩子也要负担一点,大人家庭生活的方面也要用一点嘛,是吧。攒钱肯定是不容易的。

多数家长表示因为家里缺少积蓄,所以难以谋划将来的生活或抵御意外风险,尤其是家人的医疗费用。如A3提到家庭一个人有四五千元收入,生活比较稳定,但是前提是不发生其他意外事故或重大疾病。A13表达了相似的家庭境况:

A13:经济状况勉强维持,外婆的身体不怎么好,她有问题检查了但还没有去医院治疗,医生告诉她可能是个良性的肿瘤,她就在观察,也没有去,就是说外婆的身体有什么状况的话,那咱们就开销更大,我们可能就很吃力。

唐氏综合征儿童往往伴有一些先天性的疾病,免疫力低下等,因此访谈中几位唐氏综合征儿童的父母认为特殊儿童额外的医疗费用和康复费用给家庭增添了经济压力。

D10:上次十月份吧,一次肺炎的话就是六七千,然后有些是进口药,你办了那个居民医保的话也报不了多少,所以说这个费用我们就觉得……哎呀,蛮怕他生病。

　　D6：他一个季度要打一次针，上个礼拜还是扁桃体发炎，吃药压不住了就要打针，3~5周，1500~2000块钱，你温度一高他呼吸接不上来，他呼吸蛮困难，当时马上把他送去同济急诊，马上给他吸氧呀什么的，反正每个季度一般要搞一次，一次的平均费用1500~2000块钱。

　　也有家长认为家庭的经济状况也跟家长的工作调整有关。

　　C1：我和他爸爸都是做IT的，特别忙，他爸爸就把以前的那份工作辞了。那没办法，那个时候肯定是以孩子为主，他就把工作辞了换了一个，没有像以前那么忙，经济收入肯定就相对而言差了很多。这相对而言都是成正比的，付出越多肯定收入越高……我们目前为止的话还好吧，经济最困难的时候已经过去了，他已经慢慢地往正轨上走了。

　　A13：我想过更换工作，但是目前这是不太可能的，因为我这份工作是相对稳定的。我想过去换一个工资更高的，换一个那种私人单位的嘛，那个工资更高的。但一直没狠下心去换，因为那样工资高了，可能家庭整个经济水平有结余。但是呢，那有太多的不稳定性，而且你说现在工资高竞争肯定激烈强，像我们这种普通的事业单位呢，工资虽然不高，但是五险是全齐的，只要你做好你的事情，工资总是会到位的，所以就一直没有换工作。考虑过换，但是一直就没有换。

另外也有少量家庭经济困难，享受国家最低生活保障（A4，A5，I3），也有些家庭因为生意失败、医疗费用等欠债较多（I4，D4）。

特殊儿童家庭常规的维持需要有符合家庭需要的资源支撑，国外研究者一致发现家庭经济状况是影响有意义的家庭常规建立的重要因素之一（McConnell, Savage & Breitkreuz, 2014）。本研究发现特殊儿童家庭的经济状况普遍处于勉强维持的状况。与国外Breitkreuz等人（2014）的研究一致，特殊儿童额外教育医疗费用以及家长工作的调整（如父母一方放弃工作、低薪、工作时间不够灵活等）是导致特殊儿童家庭经济状况紧张的主要原因。经济的不充裕使得家庭抵御风险的能力降低，生活不可控的因素增加。社会生态学理论认为家庭资源并非越多越好，而是能够满足家庭成员的需要，能够使得家庭从事认为重要的事情。但从研究结果来看，家庭经济状况难以满足家庭的健康需要、精神需求、事业发展的需求等，因此不利于有意义的可持续的家庭常规的建立和维持。

（二）机构的支持

在教育和康复机构方面，多数家庭对特殊教师的专业比较认可，对孩子的进步表示满意。如A9认为自己很幸运能够遇到机构的老师，她评价老师能够根据学生的兴趣灵活调整教育教学。多数家长评价教育和康复机构教师有耐心和责任心。但也有家长评价教育和康复机构的课程和训练项目不够丰富。

A11：孩子成为这样的，应该还是远远不够。小孩成长，机构也要随着小孩的成长变化嘛，是吧？因为我六岁学的都是那些东西，然后我七岁了，八岁的时候还是学那些东西。机构应该跟着小孩成长嘛，是吧，应该是有一些变化的。

家庭中心服务要求专业人员为家长和家庭提供个别化的支持服务，鼓励家长参与，致力于建立专业人员和家长之间平等合作的关系（Epley，Summers & Turnbull，2010）。在这一方面，家长对机构的家庭服务也表示满意。一些家长认为学校老师重视与家长的沟通，尊重家长的意见，也注重提升家长的教育能力。如C1提到机构每3个月为孩子制订一次计划，老师会与家长主动沟通孩子的进步、不足以及下一阶段的教育目标。教师还会指导家长在家如何指导孩子。C4家长也提到老师会尊重家长的建议来调整课程。机构还会组织免费的家长培训，他认为效果很好。D1在评价机构的家长服务方面，说道：

D1：像专业性的培训，对家长也好像有一些。他们这里经常有一些家长的专业性的指导课，还有这个家长的一些心理疏导课，这些他们都有做。我觉得这点还不错，然后他们还搞的一些职工的就是校区里头的一些活动，有的也会邀请一些家长参加，所以我觉得这一块建设得都还是比较好的。

C2提到机构老师告诉她，她的孩子很幸运，家长的干预很及时，孩子很有希望可以和普通孩子一起正常上学。教师的正向沟通和鼓励增强了她的信心,也促进了她与专业人员之间良好关系的建立。也有部分家长表达了对特殊教育教师这一职业的认知和理解,家长的认知和态度还促进了他们与专业人员之间的沟通协作。

I5:一方面我觉得可能跟老师都还沟通得比较到位,因为是这样子的,我也特别理解。确确实实这样的孩子交给老师,老师每天面对着这么多那样的孩子,也挺辛苦的。所以说我也特别理解,一般老师有什么需要家长配合,我都会配合。因为,总之老师和家长都是一个目的,都是想孩子好,对吧?所以说这一块的话还是挺好的。

A4:你看我跟李老师就是朋友,蛮好的,不存在约束的。他们所有的老师都蛮好,他们已经走了好多了,我们都还是朋友。虽然他们是老师,跟我们作为家长也都成朋友了。这个……是长时间工作的,肯定要有爱心,没爱心这个行业肯定继续不下去的。因为我也看到有的老师真不容易。因为怎么说,有的孩子他们也不受控制呀,所以说这个行业的老师还是蛮可以。20岁的小姑娘能做到这样,真是不错了。都是像你们这年龄,都是父母的掌上明珠,能受这个孩子这样的气,很不错了,真不错。不比我们,那是我们生的,没办法。是吧?你们可以选择其他行业,能选择来,能坚持的,付出了,这都是爱。

但也有家长对机构在家长和家庭服务方面不太满意,其原因主要是两个方面,一是机构服务未能满足家长需要,比

如A13提到她的小孩马上要小学了,希望机构能够提供一些
小学入学和招生的信息,但目前机构还未提供,另外她认为
孩子的沟通能力较差,希望孩子能够与他人简单沟通和情感
交流,但通过机构的康复训练沟通方面进步不明显。二是机
构老师的工作量大,康复训练的时间无法根据家长需要协调
且因时间有限,与家长沟通的时间不足。

> D4:以前是排的4:20—4:50的课,现在这个时间
> 太晚没法接大的(孩子)。但是只能排这个时间,因为
> 老师她从早上排到晚上了,我排的课程还属于加班的
> 课程,还要贵一些。

> A3:老师排的点也比较满,能多上一点肯定比较
> 好一点,但是多上一点费用可能要高一点。包括我们
> 也想学习一下老师们的教学方法,毕竟也不能靠老师
> 一辈子,我们陪伴他的时间最长。肯定也想,我们多
> 学一点多了解一点,可以多教他一些。对,我成天都
> 可以请教老师,这里老师他是按点来的,这个点到那
> 个点是你,然后可能下一个点就是别的孩子了。

家庭中心服务模式强调关注家庭整体,为家庭提供个别
化服务,为家庭赋权增能。访谈结果显示特殊儿童教育和康
复机构比较重视家长在儿童服务中的作用,鼓励家长参与,
注重与家长建立良好的关系。从访谈家长的叙述中也可以
看出机构对家长和家庭的尊重和关注会影响家长对机构服
务满意度。但是结果也显示机构对家庭的服务是零散的,以
专业人员为主导的信息传达或家长培训,依然缺少系统的、
个别化的服务和关注。另外需要注意的是,访谈的家长是经

过教育和康复机构管理者协助招募的,家长对机构的积极评价也可能会受到社会认同效应的影响。

(三)政府的支持

　　因访谈被试均来自武汉市,在访谈中家长均提到了武汉市政府对特殊儿童康复救助补贴。该项目是针对武汉市户籍0~14岁诊断为视力、听力、言语、肢体和智力残疾儿童和孤独症儿童的康复救助。符合条件的儿童和家庭可以到武汉市定点康复和医疗机构接受康复训练。根据家庭收入状况,分类补贴。对0~6岁儿童康复补贴为1.6万到2.2万不等,对7~14岁儿童康复补贴为1.6万到2万不等。儿童在定点机构接收康复训练的费用由市财政在年终与康复机构直接结算。家长普遍认为政府的补贴很大程度上减轻了家庭的经济压力。

　　C2:我们是五岁的时候开始用武汉市的康复项目(补贴)的,那个时候孩子是五岁半,然后就大大减轻了我们的这一块的压力。因为当时刚好涉及孩子的语言这一块,还有认知这一块,所以每年给我们差不多就是2万块钱,这个给我们省掉了。

　　但是几乎所有的家长都提到补贴金额有限,按照政府计划补贴金额可以维持约六个月的康复训练,但家长却表示补贴仅可维持四个月,缺乏持续性,其余费用需家庭自付。对于一些经济条件较差的家庭,家长会在补贴用完后结束儿童康复训练,影响了康复效果。也有部分家庭是外地来武汉给儿童进行康复训练的,因此无资格享受市政府的康复补助。

D3:这边的钱暂时已经没有了(用完了),等到明年才有,明年有我们明年才能来。政府补助的钱啊,太少了,根本就不够,这肯定的嘛,又不是一天两天,康复费用都太少了,费用都太少了。这个我们确实是……半个小时55元,做一个小时就得110元,这样也只能做三四个月的时间。像这个孩子,现在是一天一个小时,上午做完了下午回去就忘得一干二净了。

C4:如果没有那个补贴,我估计我负担不起。就是那个康复的那个费用,其实生活方面我们自己可以节约一点,但是那个康复的费用我不希望它停下来,我其实希望他能够一直康复下去。但是如果说明年开始,他可能就拿不到补贴了,我们就觉得我再做下去,压力好大。但是我就希望国家的补贴能够给到孩子更大一点或者补贴力度会更大一点,那我们能受益更多一些,最好是能够免费。我不是说要他生活上什么免费,就是那个康复的费用能够给我们免一下。

除了针对特殊儿童的康复补贴,部分经济困难的家庭接受了国家最低生活保障金支持,也在一定程度上缓解了家庭的经济压力。但是最低生活保障作为兜底式的补贴远远不能够满足特殊儿童家庭对医疗、教育康复、护理等多样化的、个别化的家庭需要。在新中国成立之后,我国政府重视和关心残疾人,颁发了《中华人民共和国残疾人保障法》《中华人民共和国残疾人教育条例》《中华人民共和国残疾人就业条例》等法律法规,还有一系列的针对特殊群体的利好政策,如最近几年连续下发的两期特殊教育提升计划等从政策层面保障特殊儿童平等参与社会的权利,同时国家还通过一系列康复项目和救助工程保障特殊儿童及家庭福祉。但是从调查结果来看,政府对特殊儿童家庭的支持类型、数量和持续性等依然难以保障。因此有家长提出希望国家持续加强对特殊儿童及家庭的关注,为其提供包括政策宣导、特殊教育,以及对特殊儿童托管等方面更多的权利和福利保障。

(四)社区环境与参与

在问及有无家人(包括祖父母和外祖父母)之外的其他人在平时或意外突发情况下给予援助时,多数家长表示主要依靠自己和家人。比如在帮忙照顾小孩方面,有家长提到"他人也照顾不来","一般的人也不敢接手,也不敢看着"。也有少数的家庭因为搬迁、买房或租房等,对所居住的社区不熟悉,缺少了必要的来往和支持。但是,更多的家长认为亲朋邻居对家人的接纳和关心就是对家庭最大的支持。

I3:我觉得我们那一块还是有蛮多关心我们的人,很多阿姨他们知道我们是这种情况,经常送一些吃的,我就觉得吃的、穿的、用的或者是玩的那些,都还是有蛮多人送给我们的。

D2:我们所有的亲戚其实都知道我们有这样的一个孩子,甚至亲一点的亲戚会知道他是唐氏,然后远一点的呢就会知道这个孩子有智力障碍。我们每次碰到他们,我就会给他们讲这个孩子最近有什么进步。然后现在呢,比较近的亲戚碰到他,长时间不见,碰到孩子他们都会说这两年进步好大,然后比我们想的要好很多,他们都会这样说。我觉得要给他营造一种这样的氛围,这样的话大家才会接纳这个孩子……亲戚、朋友、同学关系,包括孩子小的时候家里的邻里之间的关系,我觉得都还好。在老家的时候,有超市、小学,那边的人都认识他。然后现在我们这个社区里面的,就是我们同楼层的两户,有时候就会有一些相互的走动,我已经告诉他们了,说我这个孩子可能发育有点慢。然后他每次都跟我说,其实还蛮懂事,他说他会按电梯啊,然后完了他还会简单地跟我们说话呀,会说孩子其实还是蛮好的。其实他是一个比较宽容的人,然后小区门口有一个超市,我现在就经常带他去买东西,估计比较熟了,超市的人已经认识他了。

家长提到的另一个重要的支持来自其他特殊儿童的家长。访谈的家长参与最多的是儿童所在机构或学校组织的活动,比如亲子活动、外出游玩、家长培训等、文艺表演等。部分家长参与特殊儿童家长组织的活动,与其他家长的交流和交往为特殊儿童家长提供了情感的支持,可缓解其心理压力,增强归属感。

D4:我是前年下半年吧,到那边去咨询碰到一个家长,他家孩子比较小一点,然后他在那个群里面把我拉进去的,之后才心态稍微好一点,因为之前没进那个群,总感觉这么倒霉吧。进了群之后,感觉这种孩子蛮多的,慢慢地心态稍微好一点。然后加上这个别人也都是过来人嘛,开导一下,说一些积极面对自己的人生。面对周围的人啊,然后把孩子大胆带出去啊之类的,再把自己穿干净一点,把孩子穿干净一点,出去之后别人印象好一点,要不然别人说你自己都对自己放弃了,对孩子也放弃了,那别人就更加瞧不起啊。就从幼儿园开始,慢慢地心态好一点。

A4:是,经常我们有小聚,我们经常跑到一起聚。还带着(孩子),因为这个都理解,不比在外人面前,有的时候就不方便,我们这一般的只要我们在一起,我们都带着孩子,各自带各自的孩子,都理解。都爱,有时候你弄我孩子我弄你孩子,都一样的心,不存在歧视,是吧?

访谈中很多家长表示他们家庭维持着以往的社会活动和人际交往,比如乘坐公交车、看电影、户外活动、旅游、与朋友聚会等。

D1:她爸爸只要有空就带她出去旅行。她爸爸是特别愿意,就什么都不想管就想带她俩去玩,然后她爸爸就是,我觉得这一点挺好,特别愿意带着孩子出门,你看她是五个多月的时候公司搞活动到澳门去,正好老大有时间,那会儿上小学,五个多月的宝宝就带着去澳门玩了。然后就带他们两个去台湾呀,然后过年我们开车到北海那边,越南呀,自驾呀。他爸爸很喜欢,然后我觉得这孩子不好,你还天天带着她。"谁说不好,好得很",他无所谓,他说这种孩子就是要带出去跑。她有时候生病了呢,我说烦死人了,又病了又病了,他爸说:"嗯,身体养好哈,长大以后爸爸天天带你出去玩。"

C1：我们就是，嗯，我以前老小区里的人跟着大宝一起长大的嘛，当初就有很多好几个家庭关系特别好，你就会有什么活动，就在群里面吆喝一声啊，我们一起玩一起去啊。我们一起组织的活动，比如说每年带孩子们，带孩子们一起出去玩一趟，暑假的时候。她特别兴奋，看到不同的，她以前没见过大海，当时我们去青岛的时候，她走在那个沙滩上面兴奋的地叫。她跟她姐两个人特别开心，她还把这个事情跟她奶奶说，很兴奋地说奶奶，我见到大海啦。

与以上的家庭不同，在访谈中也有不少的家庭没有维持以往的社会交往，对于社区活动的参与也受到限制。部分家长表示会主动地与社会远离，一方面是不愿意"打扰"别人，成为他人的"负担"，或者他们认为其他人不能够真正地理解自身的处境，也无法提供相应的帮助。但更多的家长是被动地与社会隔离。根据家长所述，其原因之一是家长害怕受到他人歧视，而主动地回避社会参与。有四位自闭症的家长均提到害怕他人异样的眼光。

A11：社会参与极少，不愿意带着孩子出去。村子里面就带着难受嘛，别人那种异样的眼光嘛，这村子里就你家有一个那样的小孩嘛，时间久了别人也知道啊，你家小孩又不听话，又不说话，是吧？别人也知道，眼光是让你很难受的。

A12：你这个孩子走到哪里，别人都是那种眼光，包括孩子，家长也是这样的。别人家长在看，心想你们家孩子有问题，你家长的话也怕是有问题啊，就连家长都受到这种歧视。

A9：不太敢把孩子带上去玩，在社区里面人多，因为别人看到就会问你孩子。我是怕周围人的眼光，怕碰到熟人，朋友慢慢地都少了。只有一两个特别好的朋友才知道情况，其他的朋友尽量不联系。

A6：害怕让周围的人知道自己的孩子有病，所以都不出去，一般都不带她跟我们街坊联系了，我们一般都只到楼下去，不带到别人家里去，不能让别人知道。

有的家长认为孩子的身体条件、认知、行为缺陷，不方便出门，他们担心带孩子出门会遇到很多麻烦。如I1提到小孩需要在每晚七八点定时吃药，也害怕孩子在外不适应，导致家庭活动时间和场所受限。A13提到她不放心单独带孩子出门，担心孩子行为失控，尤其是在公共场所或马路上跑引发危险。A10讲述了带自闭症孩子去他人家做客时，遇到的麻烦：

A10：有时候我说我不来啦，我儿子比较捣蛋，他们会说没事把他一起带上嘛。但是要去的话，有时候捣蛋，别人连吃个饭都吃不好。因为他要搞这搞那嘛。跟别人吃饭的时候你光去搞他去了，说多了都是泪呀。

也有家长提到不带孩子出门的原因是社会公共设施不足。

I2：以前他小的时候我还可以带一带，有个最大的问题,他现在这么大了,我不好带他进女厕所,所以我很少单独把他带到很远的地方。最多就是下去,比如说买菜啊,过早啊,带下去一下,然后就在小区或者周围逛逛,这是可以的。但是如果说出行,我一个人现在基本上没有办法去完成。

与加拿大的一项研究一致(Breitkreuz et al., 2014),本研究发现适应较好的家庭能够维持以往的社会交往和社会参与,但有些家庭却不断地缩小社交圈,表现出社会孤立的状态。生态文化理论认为家庭常规的调整受到家庭所在的社会和文化环境的影响。从本研究结果来看,特殊儿童家庭所在的社会环境整体是比较友好的,有很多家长表示目前社会对残疾人的接纳程度较以往有很大的改善,这也为特殊儿童家庭充分参与社区生活提供了条件。但不可否认的是目前社会对残疾人的污名化和歧视依然存在,表现在家长对他人异样眼光的担忧。但从另一个角度来说,家长的反映也可能跟社会文化有关,前文所述,残疾在我国社会被看作是家庭的丑事、是丢脸的事情。Yang(2015)认为家长害怕丢脸、羞愧等内在心理可能会导致他们对社会公众反映的过分敏感和社交回避。家庭中心服务需要关注特殊儿童家庭所处的社会文化环境,帮助家庭建立必要的社会交往和支持网络,使其走出家门,平等充分地参与社区生活。另外,除了上述社会公众的态度接纳之外,社会公共设施,比如道路安全、公共卫生间等的完善也是提升特殊儿童及家庭社会参与的重要途径。

五、小结

本研究发现特殊儿童家庭常规表现出以下四个特点：一是在家庭成员利益平衡方面体现以特殊儿童优先的原则，二是特殊儿童家庭重视和睦家庭关系的建立和维持，三是特殊儿童家庭未来是不确定的、不可控的，四是特殊儿童家庭可资利用的家庭和社会资源是有限的。根据生态文化学对有意义的可持续的家庭常规的界定，我国特殊儿童家庭的家庭常规整体上来看缺少可持续性，这与我国当前的社会文化环境有关。

（一）特殊儿童家庭所在的文化环境

中国文化受到儒家思想的影响较深，儒家思想是从中国哲学家孔子的教导发展而来的伦理和哲学体系。儒家的核心思想是仁。仁强调利他主义和人道对待他人的道德使命。这种观念反映了儒家的指导原则"己所不欲，勿施于人"。仁的道德使命是通过遵守礼的美德来阐明和培养的。礼是指指导日常生活行为的规范和适当制度。礼存在于皇帝与大臣、父子、丈夫与妻子、兄弟与兄弟、朋友与朋友之间的五伦（五种基本关系）。在儒家思想的影响下，中国传统社会是以关系为基础的(Stockman,2013)。人们必须按照公众认可的行为准则来对待彼此，比如父母-孩子。在这些关系中，儒家最重视家庭关系，认为家庭是社会的基本单位。和谐的家庭关系为稳定有序的社会奠定了基础。家庭成员相互依存，有义务相互支持。在儒家思想的影响下，中国社会倡导和遵循家本位的理念，这一理念凸显了家庭关系在整个社会关系中的核心地位(纪文晓,2017)。特殊儿童家庭和普通儿童家庭往往从家庭内部寻求生活的意义和心灵的归宿。因此本研究中多数家庭倾向于在家庭内部寻求支持,配偶、父母、子女都成为求助的对象,家庭成员之间彼此的理解、支持、沟通、协作成为家庭适应过程的主要力量。

在家庭关系中代际关系尤为重要,在传统中国社会提倡"孝道"即子女需要尊重和孝敬父母,但自改革开放以来,我国为了控制人口增长,实施了独生子女政策。独生子女政策实施以来的几十年里,家庭规模和家庭关系发生了变化,特别是在城市地区。家庭规模从1990年的4.15人下降到2013年的3.40人。尽管家庭规模缩小,但由于儒家信仰的强烈坚持,传统的大家庭仍然是中国的基本家庭结构:大多数已婚夫妇与父母同住,祖父母通常负责照顾孙子。尽管保留了大家庭结构,但家庭成员之间的关系发生了变化。由于独生子女政策,以老年人为中心的传统家庭关系已经转变为以儿童为中心的家庭关系(Feng,Poston,&Wang,2014)。所有家庭成员,包括祖父母,都应该为独生子女提供最好的照顾。儒家关于儿童服从和孝道的价值观受到了挑战。因此在访谈中,家长会将子女尤其是特殊子女的利益放在首位。

(二)特殊儿童家庭所在的社会环境

从社会环境来看,一方面社会对残疾人及家庭的态度和看法构成了特殊儿童家庭的宏观社会系统,社会公众对残疾人的接纳理解或歧视、污名都会影响家庭的适应,比如家庭的社会参与。儒家思想中"仁"的核心思想强调对包括残疾人在内的其他人人性的道德使命。经文礼记(礼书)指出:

"鳏寡孤独皆有所养"。中国人对残疾人的同情态度根深蒂固。在这方面,历史上从未发生过大规模遗弃和残酷对待残疾人的事件。残疾人能够通过家庭、政府和社会的支持生存。然而,对残疾人的歧视仍然存在。在旧的社会等级结构中,残疾人由于无法通过科举考试而处于最底层。虽然人们对确定残疾的原因有一些兴趣,但人们倾向于求助于基于超自然力量或宿命论来解释残疾。那些相信宿命论的人认为残疾是对残疾人或其父母前世罪行的惩罚。在迷信和宿命论的影响下,残疾人及其家庭生活在社会的最底层。这一传统的对残疾的解释影响着公众对于残疾人及其家庭的态度,为残疾人及家庭社会参与带来了心理上的障碍。

另一方面,社会对特殊儿童及其家庭的保障体系和公共服务是家庭适应的又一重要力量。新中国成立后,我国不断努力加强对于残疾人及家庭的权利保障。国家建立了困难残疾人及家庭的生活补贴和重度残疾人护理补贴制度,修订了《残疾人教育条例》,为家庭困难的残疾学生实施12年免费教育,残疾儿童入学率达到95%以上,调整了残疾人就业税收优惠政策,制定扶持残疾人就业的政策措施,残疾人就业率显著提升。但是特殊儿童及家庭的医疗、康复、教育、就业、看护和养老等支持保障依然不够完善。残疾人及家庭依然面临着较高的贫困的风险,残疾人基础设施和服务体系建设存在较大的地区差异,我国残疾人照料服务供给滞后,严重依赖家庭照料。郑红颖等人(2021)对上海市残疾儿童照护者的调查发现,总体照护需求率达71.8%,其中信息支持、精神支持和经济支持需求水平较高,而总体照护需求满意程度只有39.4%,对替代性服务支持、经济支持和信息支持的满意程度最低。由此可见我国残疾儿童及家庭的支持保障不足,这进而导致特殊儿童家庭所有的社会资源无法充分满足家庭生活常规所需,家长不得不依靠家庭内部资源,如牺牲个人花销、工作、时间来满足子女的教育需求,依靠其他子女来承担特殊子女的未来照顾责任。公共服务的不完善也为家庭未来的发展带来许多不可控的因素。综上,实施家庭中心服务,提升家庭适应水平是未来残疾人服务的发展方向。

第二节　祖父母适应

在我国祖父母与成年子女家庭共同构成的新三代家庭结构十分常见。一方面是受传统的主干家庭结构的影响,双方的照顾责任义务使然;另一方面也是现实所需,因为紧张的生活节奏和生活压力双职工家庭无力照顾孩子,祖父母得加入分担教养压力,增强整个家庭的经济功能和抗风险能力。因此家庭适应与支持服务需要考虑到我国这一重要国情,将祖父母纳入家庭成员去考量。在我国祖父母(或外祖父母)与核心家庭组建的临时主干家庭的数量庞大,有研究指出在当前社会生活成本和生存压力增大的背景下成年子女对父母在经济、住房、子女照顾和家务分担等方面的依赖增强(刘汶蓉,2021)。对于特殊儿童家庭而言,因特殊儿童的特殊需要造成家庭经济压力增大、子女照顾的需求增强,更加需要祖父母的参与。本研究访谈了14个家庭的15位祖父母,访谈的祖父母大多与子女孙辈住在三代同堂的大家庭中。被访祖父母的具体信息见表4-2。

表4-2　祖父母访谈个人信息表

序号	祖父母身份	孙辈性别	孙辈年龄	障碍类型	祖父母年龄	受教育水平	职业	与子女共同居住	婚姻状况	子女婚姻状况
GP1	奶奶	女	6	自闭症	54	初中	无业	是	初婚	离异
GP2	奶奶	女	8	智障,脑瘫	59	高中	无业	是	初婚	已婚
GP3	外公外婆	男	3	自闭症	63 64	中专 初中	退休	否	初婚	离异
GP4	奶奶	女	7	自闭症	61	小学	无业	是	初婚	已婚
GP5	奶奶	男	3	自闭症	54	小学	无业	否	再婚	离异
GP6	奶奶	男	10	智障	66	初中	无业	是	丧偶	离异
GP7	奶奶	男	11	唐氏	54	初中	务农	是	初婚	已婚
GP8	外公	男	9	自闭症	68	大学	退休	否	初婚	已婚
GP9	爷爷	男	11	智障	67	小学	务农	是	丧偶	已婚
GP10	爷爷	男	6	自闭症	64	初中	经商	否	初婚	离异
GP11	外婆	男	6	智障,脑瘫	68	小学	无业	是	丧偶	已婚
GP12	奶奶	男	7	智障,脑瘫	59	小学	无业	是	初婚	离异
GP13	奶奶	男	8	自闭症	69	初中	无业	是	初婚	已婚
GP14	奶奶	女	7	自闭症	61	小学	无业	是	初婚	已婚

　　本研究聚焦了祖父母这一重要却往往被家庭研究者忽视的群体在特殊儿童家庭适应中扮演的角色及其对自身参与成年子女家庭生活的经历和感受,发现责任、平衡、回馈和时间构成了祖父母参与子女家庭生活的四大主题。

一、责任

"责任"是祖父母们在谈到参与照顾的动机、坚持照顾多年的原因时提到的最多的一个词语,他们都认为参与教养活动是责任使然。这种强烈的责任意识感不仅表现在思想意识层面,也表现在了实际的教养活动中。

(一)奉献意识

虽然"责任"是祖父母在解释自己观点和行为时最常用到的,但不同被访者通过这一词语表达的含义和叙述的语境是不同的,同一个祖父母可能同时基于某一种或几种不同的考虑开展实质活动。具体而言,被访者主要基于情感、现实、道德、文化方面的考量来承担其责任。

1.情感纽带

血缘亲情往往将祖父母和其他家庭成员紧密地联系在一起,对子女的担心和对残疾孙辈的怜惜都使被访祖父母选择成为家庭的帮手和后盾。他们认为自己与普通父母和祖父母帮助后辈的复杂心情是一致的,同样希望他们一切都好,为了他们过得好宁愿代替受过:

> GP3:自己的孩子混得好都还好,混得不好,自己还是要照顾一下呀。看电视里面的老人,为了自己的儿女去上学,找几份工作去做,自己累死了,也都是自愿的。这都是一样的,可怜天下父母心,都是一样的。做父母的,都是差不多的心情。哪个不为了自己的孩子好呢?不存在的,都是没有办法。

一方面,出于对子女的担忧。被访祖父母希望子女一切都好,因此在预见到教养特殊孙辈对子女事业、婚姻等未来多个方面可能带来的影响后,被访祖父母选择替子女受过,分担压力甚至牺牲自己的事业以保全子女的未来:

> GP1:因为都是做父母的是吧?自己的儿女不可能让他牺牲掉,如果(儿子)一带孩子就完了,他可能就错过一些发展的机会。他还要成家立业,也还要过生活,我如果不提供给他(帮助),他这边就完了,他这一辈子就这样,他不可能再成家什么的。我替他承担下来了,他就可以去发展,也许发展得好。

另一方面,对特殊孙辈的怜惜。尽管缺陷客观存在,祖父母对缺陷病弱的怜惜、祖孙之间的血缘天性、日常的情感互动都会使祖父母爱怜甚至主动承担起照顾责任,本能地呵护、关爱自己的孙辈,"他就是太亲了,你没办法(不去照顾),有血缘关系。"(GP10)即使面临周围人的不支持不理解,源自血脉的亲情也会使祖父母于心不忍坚持参与,"(丢掉)那肯定是不可能的,心疼着来不及了,你还能够就把孩子就扔了,是吧?心疼得不得了。我们家孩子是羊水坏了,在肚子里面坏了。"(GP2)祖父母的坚持也是持续的,悠悠奶奶坚持照顾了孙辈十二年,直至现在她还能回忆自己最初的念头:"我说只要我在,我认为只要我有一口气,有我吃的就有他(悠悠)吃的",持久力量的来源也都是"因为我们是有血缘的,骨肉相连的呀。"(GP7)

情感层面上,祖父母与孙辈、子女之间在接触和互动中不断强化着以血缘关系为纽带的亲情。与 Woodbridge 等人

(2009)得出来的结论一致,祖父母对孙辈和子女有着"双重担忧",会选择成为家庭的帮手和后盾。一方面,无论残疾与否,祖孙之间都有着割舍不断的亲情;另一方面,牺牲自己的事业保全子女的未来,祖父母认识到照顾特殊孩子是一项耗费心力的工程,保持婚姻事业与照顾任务之间的平衡可能会给子女带来巨大的压力和挑战,甚至迫使子女不得不在几者之间作出取舍。

2.现实考量

受访祖父母都表达了对家庭现状的担忧,照顾压力和经济压力是他们提到的两大现实考虑,在这些考虑下他们除了承担照顾别无选择。祖父母承担教养特殊孙辈的任务是一种有效的、"牺牲最小"的家庭平衡策略。出于对照顾压力的考虑,祖父母认为以专人专事的方式承担起照顾责任更适合这样的孩子和他们的家庭,"他们不像正常孩子,可以边照顾边打工,这样的孩子必须有专人负责看护,那就必须家庭有一个人不能做任何事情。"(GP1)而在现实的照顾人选上,一般无须子女的请求,经济压力迫使被访祖父母主动作出了选择,相比子女他们认为自己挣得钱越来越少了,对家庭而言参与照顾是更好的选择,"我帮他带(孩子)的话,他就可以挣钱支付这一家人的生活,(家庭)起码能够不饿肚子,能够往前过,能够支撑下来,(我)必须要承担下来。"(GP1)

然而,很多受访祖父母参与照顾几乎是别无选择的。现实中家庭面临的挑战不仅仅在于养育一个残疾孙辈,多重困难的交织使局面更加严峻,例如子女的婚姻破裂(GP5)、二胎的出生(GP8)、子女本身的残疾等(GP11、GP14)。这些现实会使祖父母无奈地成为唯一能够照料孙辈的人选:

GP5:前天他们(儿子与儿媳)搞翻了,我儿子就把他(红宝)搞到我这边来,他说他不想跟他们过。我想的是我不接受的话是他到哪里去呢,是不是?我就只有接受了。

被访祖父母认为自身的照料对整个家庭现实状况有舒缓作用,自身主要承担起孙辈的照料能够有效地减轻子女的照顾压力、消解移除家庭关系中的潜在矛盾,使子女能够专心工作以增加家庭整体收入,通过稳定家庭中经济功能进而影响家庭整体功能。

3.道德良心

祖父母对于自身有着严格的道德层面上的要求,他们认为照顾孙辈是良心与本分的体现,是自己分内应尽之事,也是一个人基本的责任担当。具体而言,无论残疾与否,当一个新的家庭成员到来,那么家庭中的每一个人都对其负有责任。道德观念也影响了祖父母对照顾活动的看法,抛弃、袖手旁观、全托给机构照料都被视为是不负责任且不符合道义的,承担并参与照顾是责无旁贷的,"(全托)那是叫放弃,不负责任,就大人舒服,花一个钱就是心里求个安慰了,大人舒服了就是把这些孩子糟蹋了。"(GP8)祖父母在顺应良心履行本分的过程中也获得了精神上的满足,即使有所放弃有所取舍,他们也认为照顾孙辈是比享受退休生活、个人享乐更为重要更有意义的事情。例如,当朋友相邀出去旅游时,俊俊外公认为"这个事情(旅游)已经做过了,没有意义了,照顾他更有意义更重要。"(GP8)

GP10:就凭我们自己的话,在良心上来讲,他是我们家庭的一分子,那是起码一条,我们要做到对他负责。既然生到我们这个家庭来了,我们就要对他负责,就是抱着这种态度。

道德层面上,祖父母具有强烈的家庭观念和责任心,表现出利他主义倾向。从家族中继承的集体主义和传统家庭观念也深刻影响着其道德观念,要求祖父母作为家庭中的长者,将集体的利益和得失放在个人之上,将关照集体中的新一代视为他们的重要责任,因此他们不计较个人得失。不仅是对待特殊孙辈,祖父母的责任感和道德观念也促使他们积极地对整个家庭、家庭中每个成员负责。扬扬奶奶认为她必须代替去世的老伴和自己承担起双倍的家庭责任,她帮助自己的两个儿子娶媳妇、支持儿子经商并带大了包括扬扬在内的三个孙辈,因此她感到自豪并认为自己对得起去世的老伴了(GP6)。在照顾孙辈之余,玲玲奶奶一直陪同儿媳治疗乙肝。"因为把她嫁到你家来,她是你的儿媳妇,你不对她有责任心,谁有呀,她妈妈就是从这方面对我很感激。"(GP4)

4.文化习俗

多样的文化观念体现在祖父母的教养动机和实践背景中。当问到教养动机,许多受访祖父母一时不知怎么回答,他们往往认为这是非常自然的、"天经地义"的事情。即使在照顾特殊孙辈之前,部分受访祖父母仍然在照顾孙辈,当新的孙辈出生,接手照顾是非常自然的、"应该的"事情(GP6)。受访祖父母也会因教养动机的相关提问而感到非常惊奇,在他们看来这是无须多问的事情:

GP2:没有人说这些(为什么照顾),在我这个圈子里面来照顾孩子,像我们这样好像是天经地义的了。现在自己是这样的一个格局,也就是这样。你不管她,我就感觉到我也过不去,我也放心不下,就是这样的。

在实践背景上,一方面,照顾孙辈已经形成了一项文化传统,他们的子女往往也是经历过祖父母教养的,家族上溯多代都有这样的经历(GP7);另一方面,同辈群体对此认同度很高。祖父母祖辈的同龄人也在帮助自己的子女照顾孙辈,照顾孙辈是这个年龄阶段普遍存在的一种做法,只有孙辈健康与否、照顾难易程度的区别。

GP10:反正一般来说,我的老朋友老同事还是帮助照顾的。一般的人,他们运气好一些,他们的孙子都是正常的,他不需要你去管什么东西。

文化层面上,宏观而言祖父母们认为这是"天经地义"的事情,微观来讲家庭成员和亲友也对祖父抱有照顾孙辈的文化期望。一方面,教养孙辈在我国有着悠久的历史。教养孙辈在祖父母的认知里是"天经地义"的一件事情,符合我国传统文化价值且有着丰富的实践。我国传统文化价值包括集体主义、儒家的观念、实用主义(Mjelde-Mossey, 2007):集体主义要求个人为集体的需求服务,下一代的教养则是整个家庭共同关注的事项;儒家的观念强调在什么年龄做什么事情,"含饴弄孙"正是儒家理想中的老年生活;实用主义的理念看重祖父母参与教养带来的实际价值,在过去政策福利尚且薄弱时,整合全家的力量教养孙辈比个人承担照顾责任更为轻松,且老去的家庭成员从承担经济性生产性任务中转型为承担教养任务本身也是对家庭功能的优化。从微观层面而言,不同家庭系统有其内部的文化、信仰、规则和结构,这些无形的秩序投射在下一代成员身上并影响其行为模式,最后一代代继承和传递下来。受访祖父母大多也曾受益于祖辈参与之下的教养活动,家庭规则和家庭成员也期望他们承担照顾任务,因此他们倾向于将这一模式传递下去。

(二)日常生活

被访者主要居住在三代同堂的大家庭中,其家庭分工大致如下:子女负责赚钱养家,祖父母承担了特殊孙辈的主要照顾责任。正如小羽奶奶所言,一切全靠自己一双手,"(家里大小事)都是我一个人,什么事都是我自己一双手;他的爸爸在外面赚钱,他的爷爷腰痛,然后手又不能拿,其实也不会,什么事都是我一个人。"(GP12)被访者往往穿梭于家庭、学校等不同的活动场域,具体而言其主要活动包括家庭常规、教育参与、提供情感支持和寻求外部资源等方面。

1.维持家庭常规

在家庭内部,处理家庭内部事务、承担多重照顾任务及陪伴娱乐是祖父母的主要责任。

第一,家庭内部事务往往是与家庭日常的衣食住行相关,这些活动偶然也有变动,但基本上维持着一定的规律和顺序,"今天早上我们小孩子起得早,我就起来做饭给他吃,要是起得晚,我就下地干一下事,种下菜,再回来再搞饭。"(GP4)此外,祖父母的日常任务包括紧急事务的处理,养育一个特殊孩子的过程总是充满了更多意外,例如突发的疾病、大小便问题、意外受伤等。有三位受访者坦承其孙辈患有癫痫,因此癫痫的预防和管理是其生活常规中的重要组成部分。豪豪爷爷分享了孙辈癫痫发作与处理的整个模式:

> GP9:(癫痫发作时)他的右脚开始动,他的手腕子都硬了。一般我都知道。他这个右脚会乱动,我一般走路,就把他的胳膊牵着,之后他要发的,他那个脚就乱动,走不了路了。他只要不走了,我把他一看,就知道他病发了。知道他病发了,我就把他抱着,他一个脚站在地上,另一个脚就踮着,根本不落地。我就晓得他这会儿不行。

第二,但对祖父母而言,特殊孙辈的照顾只是其照顾任务中的一部分。祖父母承担着不止一个孙辈的照顾任务,他们同样作为其他子女和健康孙辈的重要支持者,15位被访者中有7位表示他们长时间地承担着多个孙辈的照顾责任,其中还未囊括临时的育儿看护和零散的帮助。此外,他们也承担配偶和其他家庭成员的照顾任务,在照顾特殊孙辈的同时健康状况不佳的老伴也是他们的照顾对象,因此光光外公决定在送光光上学时也带上外婆,方便时时刻刻看顾。外婆在访谈中也无奈地感叹:"我原来也是个干练的人,四十岁的时候出了车祸,现在还有高血压,不能操劳不能生气。这一切都是要靠外公来照顾。"(GP3)另外,有残疾子女的祖父母同时也要承担残疾子女的照顾和教养工作,教养婷婷妈妈也是婷婷奶奶生活的一部分,"现在就慢慢教嘛,教了之后就会做一些了,不教她(婷婷妈妈)的话,我一个人也应付不来。"(GP14)

第三,与普通祖父母相似,特殊儿童祖父母也是孙辈娱乐活动的组织者与参与者,享受与孙辈在一起的休闲时光:

> GP11:别的地方也没有什么去处,就我们村子有个大桥,我有时候把他们带到周围去转呀转呀转。那个大桥上挺多人在那儿唱啊跳啊玩的。有时候要把他带出去逛一下,消夜的时候也把他带出去。

2.参与教育活动

尽管文化水平层次参差不齐,受访祖父母都在特殊孙辈的教育发挥着作用,通过多样的途径参与孙辈的教育,例如日常习惯的培养、教学辅导、参与教育决策和与老师沟通等。

第一,日常习惯的培养是一种最为普遍的参与方式。每个受访祖父母都提到了他们在家庭中如何进行孙辈的饮食习惯、如厕习惯、卫生习惯、情绪调整等方面的训练:"在我们家,他从小吃饭就不让他到处跑,这是养成了个习惯"(GP1);"(挑食)我就帮他改过来了,我先把面条、肉丸子给他吃然后再把牛奶给他喝,不然的话他把牛奶一喝他就不喜欢吃东西了。"(GP3)依靠已有的生活经历和照顾经验,祖父母可以很自然地为特殊孙辈提供这些方面的指导,体现了他们的教育才华,俊俊外公甚至发挥创意把部队的方法灵活地用在了孙辈的身上,并取得了很好的效果:

> GP8:他到处跑过来跑过去。因为我是当兵的,我当了几十年兵了,快二十年了,我说我带。我说天天把他搞到我们河边上,一条河的大堤上面,全面搞军训,我给他搞军训,这是三岁时。

第二,教学辅导是指受访祖父母直接参与教授文化知识的活动。特殊儿童的认知和学习能力有限,学习内容一般为认识图形、识字、简单的计算或者简单的肢体训练,这些内容祖父母本身已经掌握或者容易习得(GP6)。根据孙辈的具体需求,受访者在教育上进行了多样化的尝试,例如尝试着教授知识(GP13)、辅助完成相关作业(GP10)、在教师指导下进行相关训练(GP2)、培养兴趣爱好(GP8)、为孙辈制作教具(GP6)等,充分发挥了自己的教育智慧和创造才华。文化水平也没有局限祖父母的教育尝试,东东外婆并未完成小学学业,在教孙辈说话这件事上仍然取得了效果,她把自己所想到的、所用到的一切话语都教给他,令她欣慰的是东东今年终于开口说话了(GP11)。

第三,祖父母的教育参与也延伸到了教育决策上,接受哪一种安置、进哪一所学校、学习哪些内容、哪一位老师执教等教育上的重大决策祖父母也参与了进来。祖父母参与决策并非完全出于长者的地位和经验,如同做调查研究一般,他们也经过了慎重地考察和评估,"(选择机构的时候)我和他外婆到处去打听,到处给小孩看病,到处去找医生,每个机构都跑了一遍"。(GP8)在已有安置下,受访者也常常关注着教室监控画面或者实地观察,决定如何进行调整:

> GP10:我就观察了几天(全天在普通小学),观察几天(发现他)不行了,就把他还是搞到这边了。上午在那边(普通小学)听课,下午来在这边(特教机构),要机构老师还是教一下。(机构里)买了两本书,那边小学书也买了,他姑姑也买了两本一年级的书拿到这

边让人慢慢教,就那样子搞。

第四,在与老师的沟通上,所有受访者表示他们都有和老师聊过。沟通形式包括线上线下多种方式,沟通的内容主要围绕孙辈的近况、教育建议、困难、政策等方面。东东外婆分享了一个有趣的例子,"有一次老师说他今天学会了写很多数字,但就是不写数字8,我说那简单呀,那就是把两个0凑到一起,那不就是个数字8吗?"(GP13)即使沟通的结果不一定在预期之内,祖父母依然重视这种参与方式:

> GP14:老师一般都会给我们打电话联系的,我跟老师说过,就是只要对小孩子有意义的事情都不需要隐瞒我们,都可以直接跟我们商量。只要是有帮助的,都可以通知我们一下子。

3.提供情感支持

精神层面的支持和鼓励是祖父母参与的重要形式,能够帮助个体走出困境并将家庭更好地凝聚起来。他们会劝诫子女像自己一样地认清现实应对挑战,虽然他们可能对这一障碍并不了解,仍然从情感层面支持子女。在日常照顾过程中,被访祖父母也会和子女相互交流孩子的情况并相互表达关心,不同家庭在表达方式上也会有所区别,言语之外的表达也发挥了积极的作用。访谈中悠悠奶奶展示了儿子儿媳送的衣裳首饰,"他说我这在外面做事家里还不是多亏了我的妈,最辛苦的还是我的妈。看我这手上的(首饰),这都是他们买的,3000块钱。再就是每年买的衣服,都是他们到网上给我买的。"(GP7)

4.寻求外部资源

祖父母也积极向外部系统探求可用资源,这些资源主要包括残疾信息(相关知识、教育方法、护理手法)、医疗服务和政策福利三方面。每个家庭在寻求外部资源上都有独特的经历,主要的途径包括与其他家长交流联系、接受教育培训、陪伴就医和参与政策补助。

在残疾信息上,家长之间的互助可以使祖父母获得信息和释放压力,在家长休息室中有的被访者作为老家长还成为了新家长的"领路人",向新家长宣传残疾相关的知识和自己情感转变的经历,"就是说因为我们是老家长的,我们也懂这一块,因为新家长他们没有接受培训的,他们有些也不是很懂。"(GP1)祖父母也有积极地参与教育培训学习相关知识,据被访者介绍此类培训一般由特教机构、特殊学校的老师自发开展(GP7)。除了家长交流和学校培训,通过子女间接了解网上信息或自己上网读书学习、询问医生教师等专业人员都是祖父母常用的手段途径。访谈结束后,然然爷爷还分享了最近看的关于阿斯伯格综合征的书籍内容(GP10)。

在医疗服务上,配合医生检查和缴费、临时看护很难由某一家庭成员单独完成,孙辈的就医往往需要祖父母和子女分工协作(GP4)。在政策福利上,祖父母也会与政府部门打交道为孩子办理残疾证明、争取低保名额和领取相应补助等。与政府部门的互动中祖父母很容易走很多弯路,有各种各样的疑惑:

GP13:国家和机构能够多提供点服务当然是最好了呀,照顾这个孩子非常费钱。他这个自闭症呀,我们去办残疾证给我们办了个三级,三级一分钱都没有,二级还有一点钱。我们是自闭症呀,怎么可能是个三级呢?

拥有一个残疾家庭成员注定会让家庭系统产生震荡,家庭的平衡难以自然维持。秉承着对自身责任的高度自觉,为更好解决随之而来的一系列的矛盾和冲突,祖父母承担了特殊孙辈的主要教养责任,同时也成为整个家庭的主心骨。一方面,在教养孙辈的过程中,大多数祖父母的参与范围涵盖了家庭、学校和社区等各个可以直接或间接给特殊孩子施加影响的领域。这表现出了明显的参与范围的扩展,尤其在教育参与上祖父母扮演了更为积极的角色,与我国普通儿童祖父母研究中"重养轻教"(梅鹏超,2015)的结论相反,他们在特殊儿童的教育上贡献了大量的才智和心力,为其孙辈的自理和自立作出了重要贡献。另一方面,他们也是整个家庭的重要支持者。我国文化语境下来自大家庭系统的祖父母往往就是家庭中备受尊崇和信赖的重要成员。对被访祖父母而言,照顾特殊孙辈只是其日常责任的一部分,照顾年迈的老伴、堪堪自立的子女和其他孙辈同样是其日常规划中的重要事件,此外由于子女的忙碌,祖父母也成为各种家庭关系的沟通者与调和者,将整个家庭和家族连缀起来。

二、平衡

受访祖父母重视家庭的平衡稳定,他们认为特殊儿童家庭比正常家庭有更高的婚姻破裂和家庭解体的可能性

（GP1，GP4，GP6），于是提到了很多他们为维系家庭保持平和所作的努力。忍让是祖父母常用的策略之一，为了确保家庭情感、经济等多方面的稳定性，他们甚至不惜委屈和牺牲自己并要求家庭成员作出退让。

（一）家庭矛盾

家庭成员之间往往存在着各种矛盾，在14个接受访谈的家庭中，6个家庭已经面临子女婚姻破裂，其余家庭中很多也是苦苦支撑和维持表面的平和。可能的成因包括不公平、不一致、错误归因、边界模糊等，不同成因的矛盾可能同时存在相互影响。例如，扬扬奶奶偏心扬扬，没有公平处理孙辈争抢玩具的事情，扬扬的婶婶抗议这一不公平并因此拒绝支持扬扬的康复，将祖孙俩赶了出去（GP6）。

1.境遇不公平

公平问题是指家庭成员认为自己受到了不公平对待而引发的矛盾，公平问题的表现形式很多。残疾成员的到来不可避免地会造成家庭资源的倾斜，情感关注和经济资源更多地集中在特殊儿童的教育和康复之上。祖父母参与照顾特殊孙辈会使其他子女和孙辈感到自己受到忽略（GP6）、二胎的到来会使敏感的特殊孙辈感受到自己受到的关注减少（GP8），甚至祖父母当下的教养活动也会触发子女早些年遭受不公待遇的负面情绪（GP5）。

GP8：他前段时间有点压力。那个时候刚生二宝，全家人都照顾这个小宝宝（二胎弟弟）去了，就这个小老二满月之后，他在我这里住了几个月，他就是一直发脾气。

2.目标不一致

家庭目标的不一致也会引发矛盾。当所有家庭成员认识到残疾是当下家庭面临的重要挑战并为之作出努力和调整时,家庭成员的首要目标和努力方式是一致的,家庭具有很好的稳定性和强大的凝聚力。

GP10:反正两个人有时候,我承受不了太累了,他奶奶也帮着去带。再一个,我们家里面,他的姑姑原来还没有出嫁之前,也愿意帮着带一带,也就是那样,都在关注他。现在他上学的学校(普通学校),他姑姑就在那教书,要是中午回来的话,就把他带回来了,吃饭干啥还是关照了。一家人,反正一家人都全力以赴地,都在关心着。

当某一家庭成员不能接受残疾事实、不认同为亲人的残疾问题作出努力也是自己的责任时,把个人事业和休闲娱乐作为首要奋斗目标,与整个家庭的目标不一致甚至背道而驰,家庭成员之间就会因此产生矛盾。比如孩子的父亲或者母亲根本不参与照顾或选择离开孩子开始新生活(GP5)、祖父祖母与子女在教养安排中无法统一(GP14)等。家庭内部不能达成共识会降低家庭处理残疾事务和正常运行的效率,重视特殊儿童教养这一目标的家庭成员将不得不付出更多努力(Day,2010)。

GP1:我觉得这事情(照顾孩子)好像是我的责任,我没有怨言。不过现在有点怨言的就是说,这么重的

病,他妈妈应该有一些责任的,本身怀着他都有一些
责任的,一下子扔给我了,我有点怨言的。你全部扔
给我,你怀着孩子你有责任,有环境影响,你不是没责
任的。这种病是先天的,你一点都不负责任,你就全
部扔给我,自己去快活去了,我有这点怨言。

3.残疾错误归因

不当残疾归因对家庭关系会产生极大的负面影响,部分
祖父母只凭借猜测将残疾归因于子女饮食(GP1)、剖腹生产
(GP3)或者报应(GP3)等,执着于追究致残责任并始终秉持
这些未被证实的观点会影响着祖父母对子女和孙辈的看法,
与其他矛盾叠加会扩大矛盾纠纷的影响及后果。光光的母
亲和父亲离婚了,外公一直认为光光的父亲那边应该为孙辈
的残疾负责,是光光的爷爷把长辈推水里淹死的报应;光光
的外婆却认为因为婆家坚持要求剖腹产,孙辈才会变成这个
样子(GP3)。

> GP1:就像我媳妇也是的,怀姐姐的时候,我那个
> 时候在打工,我请她姨妈过来当保姆,伺候她,她吃的
> 东西都不是人吃的,卤菜、烧烤、饮料就是这些东西当
> 她的主食,水果就烂掉了,孕妇奶粉、人参通通都丢掉
> 了,孕妇吃的东西通通不吃,这一块有很大影响。

将孩子的残疾不加验证地归因到某一家庭成员身上本
质上就是将压力和焦虑汇聚到某一个体身上,让其承担更多
负面情绪以此减轻家庭中其他成员的情感负担,但会给家庭
情感带来难以弥合的创伤。残疾的发生往往是多种因素作

用下的单一结果,在家庭系统内过分追寻"残疾为什么发生"将是一个永无止境的循环,怠于思考"怎么做"可能会降低家庭适应残疾的能力和效率(Day,2010)。

4.关系边界模糊

边界模糊是祖父母过度参与了整个教养活动而引起的矛盾和摩擦。尤其受访祖父母大多和子女生活在同一个大家庭中,家庭成员之间边界不明很容易引起对方的反感,例如祖父母过度干涉子女的婚姻问题和教养活动。也有祖父母进行着反思和调整。他们也承认子女在教养中可能有新的思路和方法,并在更好地照顾孩子这一前提下进行交流(GP8);同时尝试更少地过问子女的婚姻问题,给予他们一定的空间,"就是说婆媳关系上我尽量地不干涉他们,好坏是他们的,偶尔提点意见就算了,尽量地做好。"(GP1)轩轩奶奶也决定拆迁后和子女分开居住,给予子女更多的空间,"有时候我也想让他们像年轻人,像其他的那些正常的孩子的爸爸妈妈一样,也有自己的空间,也可以让他们自己生活一下,有时也让他们自己玩一下的"(GP2);也给予特殊孙辈和子女更多相处机会,"但我说让她这样孩子再大了一点之后,我慢慢地我还是要放手,因为毕竟她还是听她妈妈的话。"(GP2)

更为普遍的情况是,祖父母并非有意地过度参与和侵入子女的生活,而是子女的缺位使教养责任完全转移到祖父母的肩上,子女忙于工作、婚姻破裂、无法承受残疾的现实迫使祖父母承担教养责任确保家庭的平衡。于是祖父母不得不代行了很多子女的职责从而模糊了责任分配的边界,"因为有好多家庭碰到好多,都是离婚的,也都是多半是做妈妈的,不愿意要孩子就走掉了。也有爸爸不要的。多半都是爷爷奶奶来承担这一块。"（GP1）然然爸爸和妈妈偷偷离婚了，爷爷无奈接手了子女的"婚姻遗留问题"，"我说你离婚了，你这个儿子咋办？他就是说你帮着带两年吧，我说好我就帮你带两年，一带就是到现在。"（GP10）

（二）彼此忍让

为了化解家庭中的重重矛盾与摩擦，受访祖父母有着自己独特的解决策略——忍让。"忍让"是指自己面对矛盾时祖父母采取妥协的姿态，处理其他家庭成员的矛盾时则选择偏袒其中一方。这并非祖父母性情使然，而是祖父母综合考虑后的最好办法，正如玲玲奶奶所说："怎么办，你不帮他们维系一点，他这个家庭就散掉了，你怎么办呢？再说你要是过日子有本事再找一个媳妇，她给你带这个孩子吗？"（GP4）相比于可以预见的消极后果及沉重代价，一时的忍耐成了祖父母更好的选择。

1.个人妥协

妥协是祖父母对自身的负面情绪、自己涉入的矛盾的处理办法。祖父母对自身的消极情绪采取隐忍的态度自我排遣平复自己，不愿将自身的负面压力传递给家庭成员。例如，对特殊儿童反复出现的问题行为选择忍耐和克制，"有时压一压怒气还不就是算了，想开了。"（GP10）有智力障碍的女儿与东东争抢玩具时，东东外婆的劝解不一定有效，只得忍让：

GP11：（东东妈妈）有时还冲我喊。有时候我烦不过，我就去打她。我说你不听话，你也不想想你是个

妈妈,要让着他一些呀。她就跳到她睡的房屋里面去
躲着……有时候心里烦我都跑过去打她。她还不是
连我都打。他的妈妈,她有那么长的块头,我这都打
不赢她了呀。

与其他家庭成员冲突中祖父母选择妥协,牺牲自己消除
他人的意见来保全家庭的稳定。为了消除扬扬婶婶认为奶
奶只照顾扬扬偏疼扬扬的想法,不堪重负的扬扬奶奶决定同
时照顾多个孙辈,"公平一点,你自己受累,不要紧,只要他们
没意见,我尽我最大的努力。"(GP6)调和家庭成员之间潜在
的冲突,例如子女潜在的婚姻危机、手足之间的矛盾等,祖父
母会将矛盾的焦点转移到自己身上并承担起来,玲玲奶奶认
为家务、孩子的照顾等都会引发矛盾,她都接手过来了:"我
没有要她(玲玲妈妈)煮一餐饭,没有要她洗什么衣服,什么
事情都是我做的。"(GP4)在家庭之外,因特殊孙辈的问题行
为招致周围人的指责,豪豪爷爷也选择了忍耐,"一般也就是
说我没有教育好孙子,我就听着,你跟他吵有什么意思?"
(GP9)

2.劝人偏向

"忍耐"这一策略也被祖父母用来教导家庭成员自主处
理矛盾,偏袒矛盾的某一方并要求另一方忍让来阻止矛盾的
进一步激化。当儿子和儿媳产生矛盾时,祖父母总是倾向于
要求儿子忍耐,"我首先就把自己的儿子骂一顿吧,说他不应
该,再跟她(媳妇)说两句好话,就不是哄哄算了嘛。"(GP4)
当特殊孙辈和其他孙辈产生矛盾时,更倾向于偏袒特殊孙
辈,"我不管怎么样面对小的我总是维护悠悠,这个小的(悠

悠的妹妹)要不停地和她好好说,两个人有矛盾总是维护悠悠来说小的。"(GP7)

"忍耐"也是祖父母在个人生活经历中获得的重要经验,但这一经验不是所有的家庭成员都能够接受的。尽管然然爷爷一再规劝,子女还是选择了离婚,"要是我那个思想考虑的话,这一辈子不就算了,你的媳妇也好,都迁就一点。管他的,两个人一起生活,就算个搭档,那么你们把这孩子带大算了,是不是?"(GP10)

由残疾引发或激化的矛盾破坏了原有的平衡状态,家庭系统中的矛盾相互交叉相互影响使情况更加复杂,隐忍是祖父母最常用的应对策略,这是一种消极的应对,要求家庭成员的妥协,以满足特殊儿童需要为主。这一策略的本质是让祖父母个人承担更多压力和焦虑,从而减轻其他成员所受到的负面影响。这一策略是由祖父母个人经验与家庭历史塑造而来的反应模式,与其他特殊儿童家庭互动过程中他们见证了许多婚姻破裂的先例,意识到矛盾和冲突的自然后果可能是家庭系统付出更多资源、时间等代价。鉴于可以预见的消极循环,特殊儿童祖父母采用了效率更高变动最小的解决策略:将特殊儿童的照顾任务从核心家庭中暂时移除,或者要求一方在矛盾上妥协让步,打破原有的消极循环,使子女有更多调整双方关系和管理焦虑情绪的空间。然而,忍让并不能解决矛盾或根除压力源,只能使一部分成员减少可感知到的焦虑。被移除的照顾任务或更多的焦虑则成为了祖父母日常生活中的一部分,角色过载和边界模糊给祖父母带来了更多身心上的负面影响。

三、回馈

祖父母在教养活动中投入了大量的时间精力,同样也有丰富的收获。这些收获就是教养活动给予其反馈,影响着他们持续的参与,包括了影响、挑战和支持。具体来说,承担教养责任影响着祖父母个人生活的各个方面,难以掌控的局面和矛盾对其提出了挑战和要求,与其他家庭内外不同主体互动中也得到了支持,这些都是教养行为以潜移默化的形式给予祖父母的回馈。

(一)个人影响

教养活动给祖父母个人带来了复杂的影响,有积极的一面也有消极的部分,家庭情况不同积极消极影响的具体表现不一。但总体而言,受访祖父母们认为消极的成分更多。

1.积极影响

祖父母能从教养活动中获得心理上的积极体验,一方面孙辈的进步和成长使祖父母真切地体会到了自己付出的价值,发现和欣赏孙辈的优点给他们带来了巨大的心理上的满足和欣慰:"有变化的肯定心里舒服,肯定高兴了,还不是开心得不行。"(GP10)"肯定那个感觉是说不出来的好呀!"(P4)另一方面,与孙辈之间形成的情感联结也是非常愉快的经历,情感上的依赖和互动是家庭成员之间最普遍的表现。悠悠奶奶分享了悠悠与家人之间的奇妙感应:"我的爸爸(悠悠的太爷爷)当时走了(去世),然后我就从学校把他接回家,接回来也没有和他多说什么,他进门开始就开始磕头开始哭。他一哭所有人都哭起来了。"(GP7)

教养活动也带来了认知上的改变,一方面增加了相关的知识,祖父母往往是通过教养特殊孙辈来了解孙辈本身和残疾知识,玲玲奶奶因此学习了很多癫痫相关的急救常识,甚至和自己的子女一起救助了一个癫痫发作的陌生人(GP4)。另一方面激发了祖父母对生活的动力,繁重的照顾任务会严重透支祖父母的体力和精神,让他们担忧自己寿数有限但责任长远,这反而迫使部分祖父母更加重视个人身心健康管理:

> GP6:要活得开心的话,我心里有气我也不恼。就长长久久一点就好。(哭)我觉得我也要开心一点,下面别人跳广场舞我也去参加,蹦两下还跳两下,是吧?

> GP10:我专门为了他出去锻炼身体,还帮着搞几年,他看着也很造孽(可怜)呀,是不是?

此外,教养活动也会影响外部社交互动,家庭以外的支持和帮助可能密切祖父母与社区、邻里和亲朋的关系从而形成良性循环,邻居秦奶奶常常教授扬扬识字,扬扬奶奶也常常照顾病中的邻居,"我们对门对户的,我们就是要像亲姊妹一样。"(GP6)家庭内部也会受到积极影响,在共同为特殊孙辈努力后家庭成员之间的关系可能更加亲密。因为女婿在照顾俊俊上表现出的担当且没有将残疾归因到女儿身上,俊俊外公放下了对女婿的成见:"女婿这个人还很好,虽然他不讲话,这个人人品还好,看问题看得很准,他说这个事情(有一个自闭症孩子)不是一个人两个人的问题,双方都有问题,是两人之间的问题。"(GP8)

2.消极影响

第一,教养活动会影响祖父母个人计划,工作和退休安排不得不进行调整,个人的休息时间也有被压缩的风险。受访的祖父母都承担了主要教养责任,这意味着他们的个人事业与工作安排都必须让步于教养活动,"要不是这个孩子,我们两个老人(退休生活)都舒服得很。现在也没有什么办法,天天在帮她接送,又不能打麻将又不能玩。"(GP3)祖父母的个人空间和休息时间也被进一步压缩,孙辈的各方面问题迫使他们紧紧绷住脑中的弦不敢有片刻放松,牺牲了个人时间和空间,一天二十四小时围着孩子打转,只有接受机构康复和孙辈睡着之后才能得到喘息片刻,"都是在围着他转,没有离开过一分钟,就打东西,摔东西,然后糟践东西。一分钟都不能少人。他这个大脑完全是糊的。什么都不知道。一分钟没有看到,这个屋子里就丢得乱七八糟。遇到刀也好,遇到枪也好,反正他又不怕。"(GP12)短暂的休息时间里,祖父母首要考虑的还是进一步为家庭和特殊孙辈做一点什么:

GP7:(休息的时候)再就是我家里事情安排一下。不用照顾这个孩子的时候,那能做什么呢? 第一是要带好孙子呀,第二个是能够做点事还是做点事情。

第二,教养活动会给祖父母身心带来巨大压力。心理压力主要源于对残疾的认知和实际的教养活动。一方面,对疾病的认知上,受访祖父母习惯于从个人生命整体历程和家族世代的角度认识残疾带来的影响。回顾过去几十年的经历,他们将孩子的残疾和个人一生中的诸多不顺联系起来,认为拥有一个特殊孙辈是自己曲折多舛的一生中的又一个沉重

打击:

> GP5:(幼年丧母、青年失学、中年丧夫、老年有特
> 殊孙子)所以,我就说我这一生我真是算白做人了,白
> 活了。

作为家中的长者,祖父母们重视一代代人在整个家庭和
家族实现向上流动、实现阶级跨越上所作的努力,认为尽力
满足特殊孙辈的复杂需求会牵绊住整个家庭向上奋斗的步
伐,已取得的家庭成就例如积累的财富、跳出农门的努力等
也会消亡。不能走出上述的认知困局会使祖父母笼罩在负
面情绪中:

> GP1:好多都是农村好不容易奋斗的,孩子们读大
> 学读研究生搞出去了,但是很辛苦,农村出去的你知
> 道有多辛苦,特别是以前。你突然一下又打回原形,
> 一下子搞出这种孩子。

> GP12:那这个影响就不要谈了,家破人亡呀,家破
> 人亡呀。什么都没有了(破产了),爸爸妈妈要不是为
> 了这个人,他们就不会离婚。我要是没有他,我这个
> 家庭也不会这么可怜。

另一方面,实际的教养活动也是心理压力的来源,祖父
母面对孙辈的癫痫等突发疾病或者严重问题行为精神必须
保持高度紧张,时时刻刻处于应激状态准备救急,日日夜夜
担惊受怕唯恐出现疏漏。

> GP4:(癫痫)倒地呀,一发作就是一个小时,几十

次,一天大几十。就不能松手。他只要是发了的话,就一连几天不能起床。

教养过程中屡次失败甚至行为恶化,孩子的年龄不断增长却看不到一点进步和希望,不停处理大小便、喂食等基本问题还要收拾孙辈留下的残局,让祖父母长时期处于绝望崩溃的边缘。谈到然然的时候爷爷数次红了眼眶:"因为孩子搞得我有时候眼泪流,我正儿八经的我这一辈子没好好流过多少泪,就是我这个孙子,那次把我气得流泪,正儿八经地搞得我眼泪直流。"(GP10)但这仅仅是因为一碗热干面:

> GP10:有一次我就把他带去吃饭。我就问他然然要吃什么,他说热干面,我就端过来了,要他吃他不吃,他一直不吃。他是刻板,我这样那样做工作他都不行,非不吃。我真的眼泪都流下来了,还不敢让人家看见。(眼眶蓄满眼泪)虽然过去了,有时候想起来还想流泪。是真的就是那样,你说心理压力多大?我那次真的是眼泪直淌。(眼泪收回来了)后来我才知道,以前是他爸爸,那时候还是他妈妈在面馆里或者是他姑姑在面馆里面,人家都是送过来吃的,他就是养成一种习惯,非要老板送过来吃,他才吃。这真的把人急到了,真正地搞到我眼泪流,那天天气又热,搞得人一身是汗,跟着我眼泪出来了,我都不敢跟人家要卫生纸拿出去擦。

身体上也会受到负面影响,因年龄增长而出现的老年疾病,例如脑梗、冠心病、高血压等,也得不到更好的休养

（GP13）。此外,孙辈的障碍使祖父母在日常教养中费神费力,例如行动不便或者不配合时需要上下搬动、寻医问药往来奔波都严重透支了祖父母的体力,给其身体造成了严重的负荷。

> GP12:在给他做康复的时候,这说出来不怕丢人的话,没有在外面喝过一瓶水、吃过一顿午饭,所以把自己的病都弄出来了。我以前结实得很……现在完了,连走路都气喘,肺炎、肺气肿,走路都走不动。

第三,教养也给个人经济上带来了负面影响。原有的工作和退休生活让位于教育活动,可能使祖父母失去基本经济来源和就业的机会,增加了祖父母在经济上对子女的依赖性。子女的经济支持不能完全覆盖祖父母个人生活和孙辈教养的所有需求,祖父母也不得不压制个人需求贴补金钱在特殊孙辈身上。

> GP10:我肯定贴补,他那一点钱够吗?其实去年他就是上学,今年去了一个半月,就花了接近一两万块钱,还不是我自己掏,你说他快六七岁了,你再不搞搞咋弄呢?

拥有一个残疾家庭成员是祖父母一生中面临的众多挫折之一,相比于子女,先前对抗挫折与挑战的成功经验能够使祖父母更好地调整和管理自己的情绪,甚至反过来规劝和安慰其他家庭成员。这与Seligman等人(2017)研究结论相似,他们认为相比于子女,祖父母不一定对孙辈抱有终身的愧疚和担忧,并非会完全被负面情绪所淹没,反而能更客观地看待残疾引发的一系列问题。但是照顾和养育残疾孙子女对祖父母产生了众多消极影响。首先,作为家中的长者,祖父母会将家族的衰落归因于特殊儿童的存在,在教养中存在负面情绪和压力。其次,祖父母更倾向于回顾自己一生的经历,很容易将拥有一个残疾家庭成员和自己一生的不幸困苦联系起来。最后,受集体主义和儒家文化影响,祖父母重视家庭的平衡与和谐,隐忍是祖父母最常使用的平衡策略,这一消极策略使自身承担更多的压力和负担从而陷入功能过载的困境。

（二）自身挑战

教养特殊孙辈的过程中,常常会有重重的困难和障碍摆在祖父母面前,这些挑战超乎他们已有生活经验,让他们难以理解并疲于应对。受访者面临的最为普遍的挑战包括教育能力有限、信息受限和交通困难。

1.教育能力有限

祖父母的养育策略不适用,他们在特殊孙辈面前常常显得束手无策,很多教育观念和方法都要在教养过程中去摸索。一般而言,偏食问题、健康问题、情绪问题、行为问题等都是自闭症和智障儿童常见的问题,多重问题同时存在也会让祖父母应接不暇:

> GP11:在哪个方面不累呢? 这样的孩子他有时做事不听话,得撵着他,叫他穿衣裳,他就是不穿,吃东西他也不呼噜呼噜地吃,要天天撵着穿衣。

祖父母的观念也有不合理的地方,有的祖父母可能更加怜爱和宠溺特殊孙辈,"这个孩子还是有点惯着她了,如果当初狠心一点,让她接着穿那种鞋子(脑瘫康复的鞋子)锻炼,说不定现在已经会走路了。"(GP2)教养上的屡屡受挫也会让祖父母教养效能感低下,将孙辈的康复和教育寄希望于老师:

GP9:关于豪豪呀,那只能看老师怎么说,我也搞不清楚。

GP13:反正都是丢到这个地方来,让老师去管去呗。

祖父母的学习能力有限,年龄增长和生理疾病使祖父母的学习能力与认知水平逐步退化,"现在年纪大了不行,我也学不进了,说实在的,现在我自己本身也学不进了。"(GP10)祖父母本身的文化程度有限,多年参与工作远离书本也使他们重新学习教养技巧力不从心,"我又没有文化又不会教孩子。我从小也没有读过书,家庭条件又不好。"(GP11)

2.信息获取受限

祖父母了解特殊教育和康复相关知识的途径较为狭窄,他们往往倾向于借助亲缘关系网络等非正式的渠道,例如子女、邻居、其他家长等,信息的准确性、及时性都很难保证,这使孙辈的教养和安置历程极为艰难,豪豪因此错过了早期干预的机会11岁才开始接受教育(GP9)。文化水平有限(GP9)、不会使用电子设备(GP7)、视听觉方面的疾病(GP11)等多方面因素导致他们与时代逐渐脱节,错过很多接受支持和帮助的机会,几乎孤立无援让他们心理压力愈发沉重,教养之路更加艰苦难行。

GP3:我要到哪里去了解呢,我退休到现在什么事情也没有搞,到哪里去了解这一块呢?

GP6:我就到处问(哪里有学校),当时我听到说二桥过了桥那边有一个特殊学校,别人就告诉我,告诉我走到哪里去。我一进来(学校大门)我就哭起来了,流眼泪。(哽咽)

3.交通出行困难

很多来自乡镇农村的祖父母面临着交通上的困难,他们一般选择公交出行,距离较远,与市中心相比城乡公交等待的时间更长,而雨雪暴晒等恶劣天气使等待公交更为艰难。

GP5:节假日呀,再什么下雨、下雪,花那么长时间等车也不是个事,太阳地里也晒得不舒服。

GP9:从住的位置到车站就得十几分钟,再从这里坐到车站,不是半个小时就是四五十分钟。

路途之上的波折也为出行带来了不便,车上孙辈的不配合、问题行为难以控制,突然爆发的异状和冒犯行为也不是每一次都能得到他人的谅解,如豪豪爷爷不得不在座位上全程按住孙辈的手脚以防止他四处撩拨他人(GP9)。祖父母自身的情况也在交通上造成了障碍,文化水平有限、视听觉退化使他们常常担忧上错车或下错站点,行车过程也存在晕车情况(GP11)。此外,受访的祖父母也有选择打车来回,高昂的打车费用也成了新问题(GP7)。

GP11:就早上起来把孩子弄好(穿戴收拾好),弄

了就搭车子呀,往这里来呀。我又晕车。(叹气)

　　GP11:我带他去汉口的医院看病,我又不认识字,
打车都怕打错了。

　　祖父母的能力水平现状不仅包括他们有限的文化水平、
认知能力也包括消极的身体状况,这会使他们在照顾中缺乏
成就感,实质上就是老龄化问题与当前照顾挑战的辐合。他
们的能力水平在教养活动反映为重重挑战,包括教育能力有
限、交通困难和信息受限。教育能力有限指祖父母的养育策
略、教育观念有其不合理的地方,学习能力有限难以进一步
提升或者根据特殊孙辈的需要尝试新的策略;交通困难指他
们的出行方式、出行上的突发状况难以处理;信息受限使他
们难以获得恰当的帮助,对孙辈的状况缺乏整体的了解、对
孙辈的障碍类型了解不够因此没有足够的心理预期和心理
建设,在实际照顾中时常应接不暇。这与其他研究中的结论
一致,尽管研究中少部分受访祖父母做出了学习新知识、与
家长群体交流等尝试,但作为孙辈的主要照顾者还要兼顾家
庭事务,其时间精力有限,日渐衰老给认知和身体上带来的
负面影响也导致了结果的有限性。

(三)多方支持

　　祖父母的参与过程并不是独自踽踽前行的历程,也会受
到来自各方的支持。家庭内部支持为主,外部支持零散多样
是目前支持现状的特点。

　　1.家庭内部为主

　　祖父母更倾向于向内依靠家庭内部的支持,"怕给别人

添麻烦"(GP13)的思想会使祖父母优先考虑请求家庭成员帮助。家庭成员可以从经济上帮助祖父母,特殊孙辈带来的巨大开支使祖父母在照顾过程中更加依赖子女的经济支持,"不是他给贴,我自己也要吃饭也要用呀,我现在怎么办呢,我又不能做事了……生活还不是靠他爸爸给钱,他爸爸不给钱哪有什么钱。"(GP9)工作的闲暇时,家庭成员也分担照顾任务,培养与特殊孙辈的感情,给祖父母自由休闲活动的时间,然然爷爷和儿子商量好了,工作日他负责照顾,双休日要过自己的生活:"(休息)那天就是自己安排一下,原来喜欢打麻将现在麻将也不打了,有时出去转一转,到处去转一转,有时在家休息休息。"(GP10)家庭成员也是重要信息来源,不会使用智能设备会使祖父母所接触的信息十分狭窄,子女有时候和祖父母多交流能够帮助祖父母了解更多关于特殊孙辈的知识(GP7)。

2.外部支持零散

外部的支持是指来自政府部门、学校、社会人士等的支持,这些支持零散而不系统且不稳定,也没有专门为祖父母教养孙辈提供的支持服务。受访祖父母们讲述了照料过程中的好心人的故事(GP6),但是好心人也不是每天都能遇见。政府根据特殊孩子的障碍程度给予资助,但受访祖父母个人没有从政策中受惠,政策的变动也会影响原有的支持与可获得的资源。豪豪爷爷分享了为豪豪办低保的波折过程,村干部通知他低保政策发生了变化因此不能办低保,并给了500块钱希望终结这件事情,不能得到持续的支持为此豪豪爷爷非常担忧:"他就给了几百块钱。几百块钱根本解决不了这个事情呀。"(GP9)学校支持也是如此,轩轩偶尔接受者

周围普校的送教上门,这种时有时断的服务让奶奶很生气:

> GP2:今年头几天好像普通学校的就打电话来,去年不是这样说的,好像是教育局搞的什么,一年不要去学就给补助250块钱,说实在的,我对这些事情不是很感冒。250块钱,我说我不需要,我跟我媳妇说了,我不需要这个钱了,我说250块钱能干什么。我说我就让老师在我们家跟我孩子上两节课,是不是? 学校说现在老师忙,没有时间,一个礼拜上不了几节,我说一个礼拜两节课三节课我都能接受,因为我孩子现在还能学,但是不听我的。

一方面,家庭内部成员相互的支持和互动实质上了分担祖父母的负荷,也从精神层面凝聚了家庭的情感力量,这也是被访祖父母所接受的主要支持来源。祖父母往往也更倾向于从家庭内部获得非正式支持,他们认为这些支持更为便捷、可靠、易得,更符合他们的文化观念,与他们的血缘、地缘关系网络保持一致(Noone & Keller,2020)。另一方面,祖父母与外部资源之间拥有牢固的边界,没有更多资源的充实祖父母可能面对焦虑和压力手足无措。从宏观社会生态系统的角度而言,核心家庭系统只是其基本的组成单位,家庭系统与更大的社会系统之间的互动与交流能够使整个家庭系统从中受益。然而和子女不同的是,祖父母作为家庭隐形的守护者难以从外部资源中获益。国内现有政策和服务没有承认祖父母在教养中的独立地位和作用,也没有为满足祖父母特殊需要而存在的支持项目。祖父母日渐衰弱的认知能力和生理功能使他们逐渐背离互联网时代,无形中产生了与外界资源的隔阂和日益牢固的边界,给自身和家庭系统均带来较大的压力。

四、时间

祖父母照顾孙辈的整个时间历程也是认识残疾的过程,他们经历了最初的打击、现在的接受并充满对未来的担忧,即从最开始的不可置信逐渐接受并适应残疾带来的影响。他们其中发挥最大作用的因素还是时间,"时间淡化了一切又让生活重归于平静"(GP1)。

(一)最初的打击

无论坏消息是来自医生的鉴定、子女的告知还是祖父母自己的观察,都会瞬间击毁祖父母原有的喜悦和希望,只剩下痛苦和茫然。此时祖父母既会承受着巨大的悲伤,又会因为不知如何应对而陷入慌乱迷茫,四处求医问药奔走碰壁,摸索过程中的挫折也会加重他们的悲伤与痛苦。

1.发现残疾

祖父母可能是家中最先发现孙辈异常的人,并为此积极要求鉴定和安抚其他家庭成员。祖父母已有的教养经历使他们熟悉幼儿生长发育不同阶段的特点,参与教养活动也给予了他们机会观察孙辈的行为特点,因而更容易留意到孙辈的异常表现。

> GP10:我在坐着看电视,但是我们还是心里想着好像有点不对头,这个孙子不对头,尤其他奶奶知道,

因为我们一起抚养了三个孩子,我们是两个儿子,一个丫头,抚养了三个孩子,就没看到像他这样子的,他好像要笨一点,不是那么机灵,知道吧?

这个过程就像揭开谜底一样,虽然凭借照顾三个子女的经验豪豪爷爷奶奶隐约意识到了不对劲,但直到偶然间豪豪爷爷将孙辈的行为和电视上的自闭症公益广告进行对比才终于找到了原因:

GP10:最后有一天,我在家里,可能是两岁不到的时候,我在看电视,看到报道里面说自闭症的孩子有哪些行为,我一听我就赶紧看,一看把他们的框框往我们孩子身上一靠,哎呀就是自闭症。

于是,他们强忍悲痛开始劝说和发动全家重视这件事情:

GP10:是我们第一个发现的,我说这个是自闭症,赶紧弄他去检查,最后他们都不相信,我说不相信不行,我说你赶紧弄他去检查。

2.内心痛苦

尽管妞妞奶奶模糊地感知到了孩子的异常,但是医生的鉴定才真正一锤定音,将她裹挟进巨大的悲伤浪潮中,"(医院检查后)我不是不承认她有病,但我没想到这么严重,我就没想到呀,我儿子叫我撑住,我就知道好严重了。"(GP1)

像父母一样,祖父母同样充满了痛苦,即使时隔多年祖父母们提起这段灰暗的日子仍然潸然泪下,"他检查出来说是这不行那不行,我整个晚上我都真是眼泪都没干过。"

（GP5）有时孙辈的障碍状况医生也不能立刻作出判断,日夜守在抢救室外苦苦等待则延长了祖父母的煎熬与悲伤,"我说别人的孩子为什么别人孩子发病了,病一发了过后就好了。我们16天是没敢合眼,在医院里睡了16天……当时感觉要失去这个孩子了,那时候的事情不能说,说了就很难过,我跟她的妈妈的眼睛要哭瞎了。"（GP4）

　　让祖父母更为痛苦的是,他们从医生口中知道了陌生的病症名词,但是却对此没有概念也无从了解自己孙辈的具体情况。无端地臆测和联想使他们将最不好的结果加诸孙辈和自己家庭,因而经历了比其他家庭成员更沉重的压力和打击。

　　GP2:那个时候一开始,肯定是从来没想到是像这样的孩子,他的爷爷说,我还不知道脑瘫是怎么回事,一直以为是孩子傻。

　　GP2:我想得太多了,那个时候反正总是没有往好的方面想,始终是负面的。

　　3.眼前茫然
　　在孙辈的障碍面前祖父母显得茫然无措,这样的变故超出了他们几十年的生活经验,他们迫切地寻求改变和支持,不惜在短时间内将所有家庭资源向孙辈身上投入,以确保孙辈有所进步家庭能够迅速回归正轨。

　　GP1:其实去查出这个病来,我们也是以为治疗得好的,我们抱着希望,马上就把我的房子（以前我在街上买了一点房子的）卖掉。我说我哪怕倾家荡产,我把他治好了再去挣容易。

　　茫然中的祖父母什么都相信但什么也不敢全信,突如其来的打击使他们来不及为家庭资源做合理的规划,有时医生或其他专业人员含糊的语言和安慰性的表述被他们当作希望:

　　GP1:(医生)他说你交给我……我们好多家长都是这样理解错了。如果他跟我们直接说明白了,这种病是终生的,我们必须要有心理准备,我们经济也要准备,家庭都要各方面准备的话,我们就会好一些。因为我们刚刚出去接受治疗的家长,刚开始都是想到会整好一些,家里都是倾家荡产地去……这个钱都浪费好多。

　　选择什么样的安置、到哪里安置也是困扰着全家人的问题,特殊孙辈几乎没有自我保护的能力,这让祖父母对外界本能地产生了不信任感。信息的不流通、不对称和对机构学校的不信任感使教育安置只能不断打听、不断摸索和试错,俊俊外公和外婆几乎走遍了武汉所有知名的特殊教育机构(GP8),这让安置历程颇为曲折。扬扬奶奶从邻居的朋友口中得知了附近的特校,几番寻找到了但人数招满了,只能报了下学期的名。她在校门口遇到了一个办理休学的家长,因此得以顶替这个孩子入学,等车时又遇到了另一位好心家长,将她带到了现在的机构中(GP6)。但偶然的好运气也不是每个祖父母都能拥有的,现实的安置环境依然十分复杂,"我送她去幼儿园上学的时候,就是什么手续都办好了,然后有人说她就是个傻瓜,然后被幼儿园的园长听到了,然后他当场就把这个孩子给退掉了,不收这个孩子,他们说的伤人的话伤害了别人,他们都不知道呀"(GP14)。

与子女相似,当祖父母得知残疾的消息,也会陷入痛苦悲伤的情绪之中,度过一段非常灰暗的日子。作为家中的长者,祖父母的情绪反应会影响其他家庭成员管理个人的情绪及对残疾的看法。众多研究都报告了沉溺于最初的悲伤和震惊中的祖父母给家庭的适应带来的负面影响(Hastings,1997)。但本研究结果显示,祖父母也可能是家庭里的"吹哨人",凭借丰富的育儿经验他们可能第一个发现孙辈的异常并采取相关行动。此外,本研究结果表明拥有一个特殊孙辈对于子女和祖父母的心理意义可能存在差别,与子女不同的是他们关注的重心是新的家庭成员而非残疾本身。当得知消息时,虽然祖父母暂时不能理解障碍的真正含义,医学上对障碍的界定往往超出了他们日常的经验范围,但他们仍旧为孙辈最初的治疗提供帮助,这也会对整个家庭带来积极影响。

(二)现在的接受

经历了"新家长"到"老家长"的成长,祖父母逐渐将处理残疾相关事务作为日常生活的一部分,从最初的迷茫和痛苦中平和下来,积累了很多关于教养残疾孙辈的新经验。接受的本质是心理重建的过程,但受访祖父母很少在重建过程中完成了积极的自我审视和悦纳,更多的是在接踵而来的打击下消极和被动地适应。

1.积极的转变

有的被访祖父母用一种更为积极的态度面对特殊孙辈及其教养活动,欣赏孙辈一点一滴的进步。俊俊外公在整个访谈过程中时不时拿出手机和研究者分享俊俊和俊俊弟弟打架子鼓、看书、打乒乓球等的视频,喜悦之情溢于言表,"他三岁就开始学了,架子鼓可以帮他发泄心里的怒气,现在就有模有样了。"(GP8)孙辈的优点进步、家庭内外的支持、家庭的稳定与平衡、重大的外部事件都使他们认识到了自身教养活动的价值,可能成为持续转变观念的诱因,因此形成了积极循环。

GP2:(轩轩曾经被医生劝告放弃,但在奶奶的坚持下她学会了很多诗词)现在看来,这个孩子我真的我没有这么(轻生念头)想过了,我把她带出去玩了,我再也不这么想了。我想像这样的孩子也多。

2.被动的习惯

更多的祖父母难以从生活中获得正面的回馈,孙辈的情况可能并未好转,整个家庭已经在持久战中摇摇欲坠,原有压力持续地压在他们的肩头且新的压力也日益增多,"压力怎么也减少不了,经济压力,什么压力只会增加。"(GP1)祖父母们对孙辈的感情十分复杂,家庭情况恶化压力重重使他们心生怨念和后悔,但责任道德却使他们不得不继续将教养任务承担下去。

GP4:但是我也想过了,我也有时以后也想着要摆脱这个事情就好。放弃她,我要走我的路……只有死了才解脱,不死怎么解脱得了。

GP5:反正我真的蛮后悔(照顾他),蛮不开心,蛮难的。(流泪)

重重压力下时间逐渐帮助他们接受现实、适应当下生活,"现在是没办法,时间长了也慢慢地习惯了"(GP10)。祖父母们认识到现实的压力与困境无法改变,只能依靠时间来将悲伤和痛苦淡化,"时间长的话就看得很淡的,是吧"(GP4)。这种习惯是一次又一次面对教养危机后的无奈,重重打击后他们渐渐没有什么感觉了,"我心里有什么样的感觉,没有什么感觉了,已经到这么大了。你能有什么感觉?只能够一直往前,只是希望他好"(GP6)。祖父母认为唯一能做的就是尽力照料特殊孙辈,保持家庭现有的平衡与稳定,至于未来只能"听天由命"。

> GP3:我什么感受呢,有什么办法呢? 这还不是听天由命呀,能够怎么办呢。只有下定决心,下力气去帮他治疗呀。

> GP9:当时只想说这个孩子能好转过来就好,万一转不过来那也没得办法。按农村过去的一句老话,听天由命。没得办法,医生没得办法,那我更没得办法。对,也就是说任何人,任何人都是一样的想法,没得办法。

听天由命是受访祖父母对自己教养活动的解释,他们将照顾一个特殊孙辈归于命运,"没办法,不照顾咋弄。我不是开玩笑嘛,这是火气低(运气不好),没办法,我这辈子就这样了,咋弄,没办法的。"(GP10)孙辈在自己的教养下能够进步到什么程度,也由其个人的命运来决定。既然一切都是命运安排好的,那么痛苦和悲伤是没有价值的,孙辈和家庭所面临的危机也不能责怪任何个人,因此他们选择压制并忽略个人的负面情绪推进整个家庭的进步。

GP4:怎么解决,我没有多大的想法。向前走呗! 过完一天算两个半天,有没有多的理由。

GP7:他(爷爷)不也是想不到会这样,开始也是没有办法接受,都是个人的命。

面对当下受访祖父母较少表现出积极的适应,更多的是被动的习惯。积极的适应是指祖父母悦纳特殊孙辈且在相处过程中转变理念为其感到骄傲自豪,这意味着祖父母积极调整自身、从照顾活动中受到更多积极影响;被动的习惯指顺从地承担照顾责任,"听天由命"地继续下去。听天由命是现实和本土文化观念影响下祖父母对自己教养活动的解释,他们往往相信命运,将照顾一个特殊孙辈归于命运,是他们复杂曲折的一生中所经历的障碍的一部分。他们认为一味地悲伤和痛苦在既定的命运和现实面前是毫无意义的,面对现实解决问题并承担个人的责任才是行之有效的策略。积极的适应和麻木的习惯之间没有高下优劣之分,通过接受现实、听天由命等文化观念祖父母们解构了特殊儿童教养活动,使这件事情不那么难以接受,并使自我在认知层面达到了新的平衡。鉴于祖父母及其家庭面临的一系列挑战,认知层面的平衡无疑也是具有积极意义的,对实践活动的开展有指导作用。

(三)未来的担忧

当谈及对未来的想象时,受访祖父母更多地表达了对孙辈和整个家庭的担忧,很少谈及自己本身的期待和愿望。其担忧集中在当他们因年老而丧失维持家庭平衡的能力时,特殊孙辈和家庭的未来将充满挑战。

1.对特殊孙辈的担忧

特殊孙辈的未来安置是祖父母最为担心的问题。

一方面,他们难以找到从他们手中接下接力棒承担照顾责任的人选,"现在就是发愁这个孩子以后谁来带呢?以后总还要有个人去贴身照顾他,把这个接力棒接下去呀!"(GP13)受访者的考虑包括:子女忙于生计自己的温饱甚至不一定能在未来照顾好自己(GP11,GP14);自己年老去世后家族关系网络变动,例如三代同堂的家庭可能会分家,来自大家庭的支持逐步减少,"现在的人,他连老人也都不愿意住在一起,他还要你吗?何况这只是兄弟和侄子"(GP5);特殊儿童福利政策的普适性令人忧虑,"这一块儿是将来的希望,将来我走了以后,他还大了,社会能够帮忙有机会让他们进去,因为他爸爸毕竟不可能把她弄在家里养着"(GP1)。

另一方面,祖父母也担忧未来照顾者是否能像他们一样事无巨细,任何家庭成员或者托养机构都可能不如祖父母对特殊孙辈日常需求的了解程度,包括忙于家庭经济事务的子女,即使承担起照顾责任也不一定能够保障特殊孙辈未来的生活质量。

> GP12:我先把这个孩子灌死了,然后我再走。如果我走了,我不会留着他,我一死,谁还来照顾他?不管是不是亲娘老子,也不能天天照顾他。哪个去给他洗屎洗尿都不可能。只有是爷爷奶奶才做得到。

特殊孙辈的进步程度是祖父母担忧的另一问题,他们担忧自己丧失照顾能力时孙辈仍然不具备生活自理、言语交流、站立行走等能力。年龄的增长使孙辈的需求越来越复杂,没有这些能力会加重未来照料者的负担:

> GP9:我说我只想那个家伙以后能够自理就好办。只要他每天穿、洗、吃不要别人照顾,他就很好了。就是说我以后不在,他的弟弟肯定要接管,他爸爸妈妈以后也要接管,那个时候他能自立一点,也好一点。就是说不管什么事情,能够自理就好办。

安置问题和孩子的进步程度的问题增加了祖父母的心理压力,而子女也身患某种残疾的祖父母甚至面临着近乎绝望的担忧,"他的妈妈这一个是这样的(智力障碍),她的孩子以后怎么办呢?没有人能照顾他。"(GP11)照顾特殊孙女的祖父母也可能有着更多安全方面的担忧,"就是怕她以后出事,女孩子毕竟比较容易受到伤害,你们也是女孩子可以体会到的。"(GP14)

2.对家庭的担忧

祖父母同样担忧残疾对整个家庭的未来的影响。自己的离去导致未来家庭关系的变动,这可能会影响整个家庭的平衡和正常运转。受访祖父母们认为他们参与教养活动转移和隐藏了部分家庭矛盾,一旦他们失去了从事这项活动的能力,其他家庭成员承受的压力变得更加沉重,潜在的矛盾就会复现甚至愈演愈烈。

> GP13:现在因为我帮忙带着这个孩子,所以他爸

爸妈妈两个人还能维持表面的和平。一旦我更老了，然后或者是生更严重的病了，头更痛了，没有办法帮他们带这个孩子了，他们俩之间的矛盾肯定还要再升级。

家庭关系的变动还可能是由子女的婚姻带来的。子女婚姻破裂在特殊儿童家庭中十分普遍，但子女正处于个人生命的青中年阶段，情感需求和出于分担经济压力等多重考虑可能促使他们选择再婚，特殊孙辈则影响其再婚成功与否，即使成功也将成为重组家庭中新的矛盾来源。

GP3：女儿现在怀了二胎，可能马上有新的家庭了，是没有精力照顾这个孩子的。(女儿)新的男朋友是个老实本分的人，但是也不一定容得下这个孩子，孩子主要还是靠外公照顾。

家庭意外事故也是祖父母担忧的另一话题，孙辈的残疾持续性给整个家庭带来极大的压力，家庭系统就像勉力支撑的房子，再次受到外力的摧残可能难以为继。

GP9：还是怕家里出问题了，一出问题就不得了。现在说个不应该说的话，一出问题一到医院都是上万块钱。你给别人打工，一年能拿到几个钱呢？我说个心里话，我们家不是那些个拿大工资的人，一年拿几百万，一年拿个多少钱，是吧？就像我们媳妇说的，一年到头来辛辛苦苦挤出几个钱，一旦家里出了事就花完了，花完了日子就不好过了。

3.个人期待的压缩

受访祖父母很少谈论到自己的期待和需求,他们将个人的需求和对未来的期望放在次于孙辈和家庭的利益和福祉的位置,具有共同的朴素的愿望:"只想家庭和睦,孩子健康成长。"(GP7)一方面,他们更多地考虑自己的子孙后代和整个家庭的未来,"最大的愿望就是这个孩子,这样的孩子好起来,谁都喜欢。"(GP8)另一方面,祖父母认为年老后没必要像年轻人一样追逐什么,有限的精力和岁数无法实现个人的预期和计划,这种老年观促使他们将希望寄托在下一代上,期盼后人走得更加长远。

> GP6:只要这个孩子好,我还有希望。我就希望,以后奶奶不在,你能够自理。(哭泣)奶奶就是死了,也要闭眼了。
>
> GP14:我们这些老年人没有什么需要,现在就是担心我们的下一代,就是他们的爸爸妈妈没有办法独立生存,也没有办法去独立养育他们的孩子。我每天就担心这些。

对未来的担忧是持续存在的,但祖父母更多地将未来关注的焦点集中在特殊儿童与整个家庭上,尤其是对孙辈和子女的"双重担忧"(Woodbridge,Buys & Miller,2009)。他们从未来孙辈的进步和家庭的平衡中获得了巨大的成就感和满足感,超过了对个人当下需求和未来计划的关注,这与集体主义视角下利他奉献的文化内核一致。虽然祖父母主观上忽视个人的需求和处境,仅仅将整个家庭作为努力的重要方向,但家庭系统持续影响着祖父母的生命历程。

五、小结

研究结果表明祖父母参与的本质是为了维持家庭系统的平衡稳定,在此过程中他们担负起了双重责任,在他们的参与下随着时间的推移个人与家庭的生命轨迹逐渐发生了转变。具体而言,家庭与祖父母个人的独特情况是他们参与教养活动的基础,祖父母在夫妻、亲子、子女和祖孙四个主要家庭子系统间和系统内进行互动。当残疾成为最显著的现实背景,家庭调整并重新分配了成员责任,祖父母认为他们在此过程中担负起了双重责任,责任的核心是家庭的平衡,为此采用了隐忍策略,角色过载和边界模糊是目前的责任现状。

(一)祖父母的"双重责任"

特殊的家庭成员影响着整个家庭系统,带来的一系列的复杂挑战可能会暂时性地损害原有家庭结构的正常功能,如沉重的经济压力、特殊的教养需求、子女的婚姻问题等。现实的家庭分工是子女往往作为特殊儿童家庭主要劳动力和收入来源,祖父母,尤其是居住在乡镇及农村的祖父母,劳动能力渐弱且缺乏退休工资、养老保险,经济上对其子女有很强的依赖性,对家庭作出的经济贡献有限,他们转向照顾特殊孙辈则家庭系统的变动程度更小。被访祖父母认为自身的照料对整个家庭现实状况有舒缓作用,自身主要承担起孙辈的照料能够有效地减轻子女的照顾压力、消解移除家庭关系中的潜在矛盾,使子女能够专心工作以增加家庭整体收入,通过稳定家庭中经济功能进而影响家庭整体功能。与我国的普通祖父母相比,他们承担了更为繁重的责任,除去日常的照顾任务,特殊孙辈突发的恶疾病症和问题行为也消耗着他们的精力;他们也承担了更为长期的责任,普通祖父母只在孙辈学龄前集中和频繁地参与,而特殊孙辈可能永远停滞在认知和自理能力有限的学龄前。与特殊儿童父母相比,他们既担忧残疾孙辈的未来也担忧子女的未来,也相应地主动承担起了对孙辈和子女的双重责任,帮助教养特殊孙辈并帮助子女平衡生活。但履行这些责任的同时也压制甚至漠视了个人的需求期望,也模糊了个人与子女孙辈之间的界限。与西方国家祖父母相比,他们担负着对自己的小家庭和大家庭的双重责任。与西方国家祖父母只对夫妻为单位的个人小家庭负责不同,他们作为家族的长者,更加看重三代大家庭的平衡与和谐,观念上强调奉献、无私和利他主义,行为上采用隐忍策略。

(二)祖父母的角色过载

在履行责任的过程中特殊儿童祖父母存在角色过载的风险。如前所述,他们具有强烈的责任心和奉献意识,更加重视集体的利益而非个人的享受,家庭系统的期望也迫使他们承担着更多的责任。其一,繁重照顾责任,与普通儿童祖父母相比他们的照顾对象的功能水平停滞在了儿童时期、他们需要花费更多时间在清洁和喂食上,具有沉重的身心负荷。其二,琐碎的家庭事务,家庭系统的调整使子女成了"周末父母",承担了更多的经济责任成为纯粹的经济资源供给者,整个家庭的操持和孙辈的教养都由祖父母主要负责,难以获得喘息和休闲的机会。其三,承担了"残疾"给家庭系统带来的连锁性后果,如子女更高的离婚率等。为了保证家庭的平衡祖父母充当了家庭齿轮的修理工,将所有潜在的矛盾转移或遏制住,他们倾向于主动承担孙辈的照顾任务防止子女因照顾引起争执,介入成员间不稳定的关系,分担其焦虑和矛盾,事实上使家庭关系走向三角化甚至形成连锁三角。残疾使整个家庭系统的责任转移和重新分配,本质就是将教养责任和残疾带来的结果都施加给祖父母,因此祖父母不堪重负、角色负担过重。

(三)祖父母责任边界模糊

祖父母的责任边界模糊,被动地过度参与了特殊儿童的教养活动。不同系统之间存在着边界,个体也有自己的权责范围和行为半径,若现有秩序被打破,祖父母与子女间僵化和混乱的边界将给特殊儿童家庭进一步带来冲突和压力。在特殊儿童家庭中,在原有边界问题之上,残疾带来的家庭系统调整使权责边界的混乱扩大,如前所述家庭系统中子女主要承担了经济责任,在教养孙辈以及其他家庭事务上缺位,这些无人认领的责任转嫁在作为后备助力的祖父母身上,权责关系的变动自然带来了界限的变动。具体有以下三方面原因:其一,家庭融合模糊了已有界限。具体而言祖父母在经济上也对子女有一定的依赖性,同时子女依赖于祖父母帮助处理家庭事务。其二,责任转移使边界难以把控。一方面,此时的边界难以定义并达成一致,如上所述残疾带来的家庭调整使内部责任被重新分配,这可能会模糊原有的责任边界,祖父母很难精确地掌控自己全新的责任范围,对特殊儿童及家庭调整反应过度,他们在教养中的建议会引起边界冲突,也很难适当且得体地参与成年子女的生活。另一方面,祖父母在处理边界问题上的顺从忍让,被访者在教养中更多地选择妥协和奉献来成全整个家庭,不会主动为个人争取休息时间反而在仅有的喘息时间里完成额外的家务劳动。其三,祖父母的功能过度与子女功能缺失相互强化。他们在家庭中表现出个人的功能过度相应地使子女表现出更多功能缺失,子女功能缺失相应地促使祖父母不断补位,融合和相互依赖的倾向也更加明显。然而,高度融合、相互依赖的家庭中个体自我分化水平较低,一旦失去了赖以支持的重要成员如祖父母,特殊儿童父母是否具有独立教养子女的技能未可知,家庭的整体功能将会被进一步地损害。

第五章 家庭中心服务与家庭适应之关系

　　家庭中心服务要求将家庭整体作为服务的对象,关注家庭功能的完善以及家庭内部各个成员的需要。通过文献梳理和访谈,我们发现特殊儿童家庭适应水平不一,本章所呈现的研究主要聚焦家庭中心服务对家庭适应水平的影响及影响机制。本研究根据Dunst对家庭中心服务的操作性定义,将家庭中心服务分为家长参与维度和家长与专业人员关系维度,分别探讨两个维度与特殊儿童家庭适应的关系。来自武汉市三个行政区五个特殊儿童康复和教育机构的379名家长参与此次问卷调查,其中父亲76人,占总人数比例为20.1%;母亲303人,占总人数比例79.9%;家长的具体信息见表5-1。

表5-1　问卷调查被试基本信息表

		人数/人	百分比/%
关系	父亲	76	20.1
	母亲	303	79.9
年龄	30岁及以下	112	29.6
	31-35岁	124	32.7
	36-40岁	78	20.6

续表

		人数/人	百分比/%
	41岁及以上	36	9.5
	缺失值	29	7.7
父亲学历	初中及以下	59	15.6
	高中及大专	154	40.6
	本科及以上	132	34.8
	缺失值	34	9
母亲学历	初中及以下	54	14.2
	高中及大专	183	48.3
	本科及以上	119	31.4
	缺失值	23	6.1
父亲职业	企业、事业单位职员(领导)	129	34
	教师、医生等专业技术人员	43	11.3
	工人	74	19.5
	个体经营业主	79	20.8
	不工作	9	2.4
	缺失值	45	11.9
母亲职业	企业、事业单位职员(领导)	44	11.6
	教师、医生等专业技术人员	43	11.3
	工人	19	5
	个体经营业主	43	11.3
	不工作	196	51.7
	缺失值	34	9
婚姻	在婚	363	95.8
	非常态婚姻	13	3.4
	缺失值	3	0.8
月收入	3000元以下	22	5.9

续表

		人数/人	百分比/%
	3000~4999元	81	21.4
	5000~6999元	73	19.3
	7999~8999元	77	20.3
	9000元及以上	118	31.1
	缺失值	8	2.1
家庭结构	核心家庭	229	60.4
	非核心家庭	150	37.0
	缺失值	10	2.6
独生子女	是	247	65.2
	否	130	34.3
	缺失值	2	0.5
孩子性别	男	278	73.4
	女	98	25.9
	缺失值	3	0.8
孩子年龄	3岁及以下	109	28.8
	4~7岁	197	52
	8~15岁	70	18.5
	缺失值	3	0.8
障碍类型	自闭症	201	53
	智力障碍	80	21.1
	听力障碍	32	8.4
	脑瘫	21	5.5
	其他障碍	45	11.9

注:其他障碍包含语言发育迟缓(40名)、语言障碍(2名)、感觉统合失调(1名)、注意力缺陷综合征(2名)。

第一节　特殊儿童家长参与

家长参与是指学校和家长为了共同目的、合作、沟通的过程(周文叶,2015)。特殊儿童家长参与是指家长从事的一切直接或间接影响其特殊子女教育的活动(韩梅,2005)。本研究中将特殊儿童家长参与细化为家长与教师间的交流、家长参与校内活动、家长参与学校行政,以及家长在家教育等方面。

一、特殊儿童家长参与情况及影响因素结果

(一)特殊儿童家长参与情况整体水平

为了解特殊儿童家长参与情况的总体水平,对特殊儿童家长参与及其各维度的得分进行统计分析,结果如表5-2所示。特殊儿童家长参与问卷整体平均分为M=3.26(SD=0.570),稍高于平均分3,表明特殊儿童家长参与孩子的教育情况处于中等水平。各维度平均得分显示在家教育的参与水平最高,其次为家校交流层面,参与学校事务层面和参与校内活动层面参与情况较差,参与校内活动得分最低。

表5-2　特殊儿童家长参与情况整体分析(N=377)

维度	Min	Max	M	SD
在家教育	2.00	5.00	3.84	0.652
参与学校事务	1.00	5.00	2.29	0.748

续表

维度	Min	Max	M	SD
家校交流	1.88	5.00	3.54	0.638
参与校内活动	1.00	5.00	2.25	0.683
家长参与（总）	1.67	4.67	3.26	0.570

（二）特殊儿童家长参与的影响因素

在进行家长参与量表平均数差异检验前，同样先对数据进行正态分布检验和方差齐性检验，检验数据是否满足前提假设，然后再进行独立样本 T 检验和单因素方差分析。分别对影响家长参与的家长自身特征和特殊儿童特征等人口统计学变量进行分析和讨论，结果如表5-3所示。

1.家长人口学变量对家长参与的影响

对特殊儿童家长的性别进行独立样本 T 检验，发现父亲和母亲在家校交流层面和家长参与的总体水平上存在显著差异；在参与学校事务层面濒临显著（$p=0.054$）；在参与校内活动层面两者都较低且不存在显著差别；在家教育层面得分较高，但父亲和母亲之间差异不显著。通过比较父母在家长参与各维度上的均分，发现母亲的得分普遍高于父亲，家长参与量表得分越高表明家长的参与程度越高，说明特殊儿童母亲在参与孩子的教育方面比父亲更为积极。

如前述所示，将家长的婚姻状况分为在婚和非常态婚姻。对这两组不同婚姻状态的家长参与进行独立样本 T 检验，结果发现在婚组的家长在参与校内活动层面、在家教育层面和家长参与层面都显著高于非常态婚姻组的家长（$p<0.01$），并且在家校交流层面接近显著（$p=0.053$）。

表5-3 特殊儿童家长参与在人口统计学变量上的差异 (M±SD)

项目		N	在家教育	参与学校事务	家校交流	参与校内活动	家长参与（总）
家长性别	父亲	76	3.74±0.58	2.11±0.92	3.38±0.53	2.31±0.88	3.13±0.50
	母亲	301	3.87±0.67	2.34±0.96	3.58±0.66	2.24±0.91	3.29±0.58
	T		1.538	1.658	2.839**	0.549	2.42*
婚姻状况	在婚	361	3.85±0.64	2.61±0.92	3.55±0.64	2.27±0.69	3.26±0.56
	非常态婚姻	13	3.40±0.75	2.31±0.96	3.21±0.62	1.56±0.78	2.85±0.66
	T		2.599**	0.604	1.907	2.541**	2.613**
家庭结构	核心家庭	227	3.92±0.64	2.64±0.89	3.60±0.65	2.30±0.82	3.31±0.57
	非核心家庭	140	3.73±0.644	2.56±0.87	3.45±0.59	2.15±0.87	3.17±0.54
	T		2.653**	0.71	2.219*	1.397	2.321*
母亲学历	初中及以下	54	3.61±0.64[b]	2.40±0.74	3.35±0.65[b]	2.26±0.88	3.13±0.59
	高中及大专	183	3.87±0.61[a]	2.36±0.81	3.56±0.61[a]	2.21±0.67	3.27±0.56
	本科及以上	118	3.94±0.64[a]	2.14±0.87	3.63±0.66[a]	2.24±0.78	3.27±0.57
	F		5.206**	1.566	3.666*	0.199	1.590

		N					
父母年龄	30岁及以下	110	3.88±0.64	2.52±0.95[a]	3.65±0.62[a]	2.23±0.95	3.36±0.55[a]
	31~35岁	124	3.83±0.57	2.30±0.87	3.63±0.61[a]	2.20±0.75	3.28±0.55[a]
	35岁以上	114	3.83±0.71	2.08±0.76[b]	3.37±0.63[b]	2.23±0.79	3.13±0.57[b]
	F		0.225	3.929*	7.263***	0.599	5.049**
儿童年龄	3岁及以下	108	3.85±0.63	2.26±0.89	3.66±0.59[a]	2.08±0.73[b]	3.30±0.52[a]
	4~7岁	196	3.87±0.65	2.44±0.82[a]	3.59±0.67[a]	2.25±0.96	3.31±0.60[a]
	8~15岁	70	3.77±0.70	1.93±0.71[b]	3.27±0.54[b]	2.48±0.75[a]	3.06±0.54[b]
	F		0.634	4.955**	9.098***	3.222*	5.119**
障碍类型	智力障碍	80	3.73±0.66[b]	2.17±0.78	3.29±0.58[b]	2.39±0.87[a]	3.10±0.52[b]
	听力障碍	32	4.07±0.62[a]	2.03±0.81	3.45±0.61[b]	2.65±0.65[a]	3.37±0.54[a]
	自闭症	199	3.83±0.65	2.43±0.88[a]	3.62±0.66[b]	2.17±0.98	3.28±0.60
	其他	45	3.98±0.53[a]	2.37±0.91	3.82±0.52[a]	1.90±0.85[b]	3.41±0.44[a]
	脑瘫	21	3.72±0.84	1.77±0.76[b]	3.34±0.59[b]	2.52±0.78	3.26±0.58
	F		2.309	2.670*	7.882***	3.816**	5.355**

对两组不同的家庭结构变量进行独立样本T检验,结果显示为在家校交流层面、在家教育层面和家长参与层面,核心家庭组的家长参与程度都显著高于非核心家庭的家长。虽然在参与学校事务和参与校内活动层面两者不存在显著差异,但都表现为核心家庭组的均分高于非核心家庭。

在对父亲和母亲的学历进行方差分析后发现,不同学历的父亲在家长参与的各个维度并不存在显著差异,而不同学历的母亲在家校交流层面、在家教育层面存在显著差异。经过LSD事后多重检验进一步研究分析发现,本科及以上学历的母亲在家教育层面上高于初中及以下组,高中及大专组的母亲高于初中及以下组;高中学历以上的家长在家长参与总体水平上都显著高于初中及以下组的家长。在参与学校事务和参与校内活动层面,不同学历的母亲之间没有显著差异且均分较低于家长参与的其他层面。这说明母亲的学历越高,在家教育和家校交流层面的参与程度越高。

对这三组不同年龄阶段的特殊儿童家长进行单因素方差分析,结果如表5-3所示。综合所有维度的均值来看,家长参与程度随着年龄的增加而逐渐降低,30岁以下的家长参与程度最高,进一步多重比较显示,30岁以下的家长在参与学校事务层面、家校交流层面以及家长参与整体状况而言都显著高于35岁以上的家长;31~35岁的家长在家校交流和家长参与层面也显著高于35岁以上的家长。在家教育和参与校内活动层面,家长年龄对家长参与的影响不大,不存在显著差异。

为了解家长是否在职对家长参与的影响,分别对不同职业的父母进行独立样本T检验,结果发现特殊儿童家长是否工作对家长参与的各个维度都没有显著影响。具体结果表现为父亲是否在职在家长参与总体无显著差异[t(331)=0.337, p=0.744]，其中在职(M=3.26, SD=0.56)，非在职(M=3.20, SD=0.72)；母亲是否在职同样没有显著差异[t(337)=0.671, p=0.503]，其中在职为(M=3.22, SD=0.56)，非在职(M=3.27, SD=0.59)。说明父母是否在职并不影响家长的参与水平。

对家庭收入进行单因素方差分析发现不同的家庭收入对家长参与的总体水平影响不大[F(4, 364)=0.472, p=0.757]；对家长户口所在地在家长参与总体上也不存在显著差异[t(366)=1.083, p=0.280]，其中城镇户口(M=3.21, SD=0.56)农村户口(M=3.28, SD=0.53)；这表明家庭收入和户口所在地不是影响家长参与的因素。

2.特殊儿童的特点对家长参与的影响

特殊儿童年龄在参与学校事务层面、参与校内活动、家校交流层面以及家长参与总体上都存在显著差异，在家教育层面三者无显著差异。根据LSD事后多重检验显示，3岁以前组在家校交流和家长参与层面均分显著高于8~15岁儿童组；4~7岁儿童组在参与学校事务、家校交流以及家长参与层面均分都显著高于8~15岁儿童组；与之相反的是在参与校内活动层面8~15岁儿童组得分显著高于3岁及以下组的得分。

不同障碍类型儿童的家长在家长参与的各维度上显示方差不齐性，因此使用Brown-Forsythe统计分析，结果发现特殊儿童的障碍类型在家长参与各个维度均存在差异，在家教育层面上差异接近显著(p=0.057)，其他层面均存在显著差异,尤其在家校交流层面差异极其显著($p<0.001$)。根据LSD事后多重检验,在家教育层面听力障碍儿童家长的参与较智力障碍和自闭症儿童高,而其他障碍(以发育迟缓为主)儿童的家长在家教育高于智力障碍儿童;在参与学校事务层面自闭症组儿童家长参与显著高于脑瘫组儿童家长;在家校交流层面智力障碍、听力障碍、自闭症以及脑瘫组儿童家长均分显著低于其他障碍(以发育迟缓为主)的儿童家长;在参与校内活动层面其他障碍(以发育迟缓为主)儿童家长显著低于智力障碍、听力障碍和脑瘫组儿童家长。从家长参与总体均分来看,自闭症儿童和其他障碍(以发育迟缓障碍为主)儿童组的家长参与程度显著高于智力障碍和脑瘫组儿童家长。

特殊儿童性别在家长参与的总体上都没有显著差异[t(372)=0.321, p=0.748],其中男孩为(M=3.26,SD=0.57),女孩为(M=3,24,SD=0.54);独生子女(M=3.26,SD=0.57),非独生子女(M=3.25,SD=0.56),也不存在显著差异[t(372)=0.113, p=0.910],这表明特殊儿童的性别和是否为独生子女不是影响家长参与的因素。

二、特殊儿童家长参与及影响因素讨论

(一)特殊儿童家长参与整体分析

特殊儿童家长参与情况的总体均分为3.26,表明特殊儿童家长参与孩子的教育的整体情况一般。从家长参与的各维度来看,在家教育的参与情况最高,其次为家校交流层面,

而参与学校事务层面和参与校内活动层面的情况较差。这和韩梅(2005)、姚璐璐等人(2011)对我国特殊儿童家长参与现状的调查结果一致,都表现为家长参与程度的不均衡,家长"在家教育"的程度最高。究其原因,一方面,是因为特殊儿童存在不同程度的发展障碍,需要家长在家中针对特殊儿童在日常生活中需要的技能进行训练,以帮助特殊儿童建立良好的行为,适应社会环境的发展,因此特殊儿童家长在家教育的程度较高。另一方面,可能与家长参与的观念有关,特殊儿童的家长参与受到传统学校和家庭分离理念的影响,家长负责家庭教育,教师负责学校教育,家长不愿参与到学校内部活动中去,只是在家中配合学校和老师做好自己的本职工作。这一结果也在一定程度上反映了我国对特殊儿童家长参与权利的界定还不够明确,家长可能还没有意识到自己拥有参与学校事务的权利,学校没有通知,没有规定就不会向学校质询,维护自己的合法权益。

在参与学校事务和活动中,特殊儿童家长参与的程度最低。原因可能有以下几方面:第一,家长没有时间,对特殊儿童的教育已经花费了家长大量的时间和精力,家长无暇顾及学校内部的活动。第二,家长认为没有必要,学校的教育活动参不参与并没有多大的影响。第三,家长对教师的依赖,林绪奖等人(2016)的调查研究中提及家长只是将孩子送到特殊教育机构就不再过问,教师能够为孩子提供良好的教育,自己无须进行过多的询问。第四,学校没有对家长进行邀请,Fishman(2014)提到学校对特殊儿童家长的鼓励和邀请是关键因素之一,特殊教育机构没有邀请家长参与学校的会议、参与教育计划的制订,也可能是导致家长参与学校事务和活动层面较低的原因之一。

(二)家长参与的影响因素分析

1.家长人口学变量对家长参与的影响分析

家长性别在家长参与的家校交流层面和家长参与整体状况中具有显著差别,并表现为特殊儿童母亲在参与孩子的教育方面比父亲情况更好。在国外和国内的研究均显示在家庭中母亲承担着特殊儿童主要的照顾责任,更多地参与到特殊儿童的教育中(Bubić & Tošić,2016;姚璐璐,2006);并且有很多母亲放弃工作将全身心投入到养育特殊子女中,她们花费了大量的时间参与其中,并且相对于父亲来说,母亲更多地与专业人员进行沟通与咨询,不仅向教师反馈孩子在家的行为问题,而且也会咨询养育特殊儿童的问题,从而导致家校交流层面得分高于父亲。

在本研究中发现在婚组的特殊儿童家长参与程度高于非常态婚姻组的家长。这与Ritblatt等人(2002)的研究结果一致,Ritblatt对506名特殊儿童家长的调查中发现在婚父母的参与时间上几乎是单亲父母的四倍。这可能因为一方面,在婚的父母双方能够较好地分配照顾儿童的责任,拥有更灵活的分配方式,那么参与子女的教育的时间也更为充分,从而参与程度较高;另一方面,可能和家庭成员的关系有关,非常态婚姻组的家长家庭关系较为紧张,在解决家庭内部矛盾的同时无暇顾及特殊子女的学校教育,其家庭教育也受到限制从而导致较低的参与水平。

不同的家庭结构对家长参与也具有一定的影响作用,具体表现为核心家庭组的家长参与程度都高于非核心家庭的家长。在核心家庭中父母双方能够较好地分配任务,家长双方都会不同程度地参与子女的教育活动中,而在隔代家庭和三代或四代同堂的家庭中,照顾特殊儿童的任务还会被分配给孩子的祖父母等,家长参与其中的程度将被削弱,其参与程度也会低于核心家庭。

在对家长学历的分析中,发现父亲的学历对家长参与没有影响,而母亲的学历在家校交流层面和在家教育层面表现为母亲的学历越高,其参与水平越高。Fishman 等人(2015)的研究显示长的参与水平和受教育水平呈正相关,受教育水平越高,参与程度也越高。而在特殊儿童的教育中,相对于父亲来说,母亲愿意辞去工作花费更多的时间参与孩子的教育,因此母亲的认知水平的不同将会影响到家长的参与程度。拥有高等教育背景的母亲可能更自信地与教师互动,教师可能会进一步鼓励这些家长的参与,从而加强了家长与学校/机构的沟通。在互相沟通了解时,家长将更加意识到参与孩子教育的重要性,参与程度又进一步增加。另一方面,家长的学历越高,对孩子的教育期望也越高,也会采取更加科学的教养方式,孩子的问题得到改善的同时家长也会加大参与的程度。

不同年龄阶段的家长其参与水平存在显著差异,具体表现为年龄越低的家长参与水平越高。造成差异的原因一方面可能是年龄较低的家长拥有更多的精力照顾孩子,另一方面也可能是他们特殊子女的年龄也较小,现如今越来越多的父母意识到对于特殊儿童的早期干预的重要性,因此父母也会花费大量的时间和精力参与到孩子的教育教学活动中。

2.特殊儿童特点对家长参与的影响分析

特殊儿童在不同的年龄阶段其家长在参与学校事务、参与校内活动、参与家校交流，以及参与整体水平也有显著差异。主要表现为在参与在家教育和家长参与层面上年龄越小，家长参与程度高，造成这种差异的原因可能是上述分析中提及的家长对特殊儿童早期干预的重视加强了其家长的参与水平。与之相反的是，在参与校内活动层面表现为年龄越大参与水平越高。一方面，可能是孩子年龄越大，家长和特殊教育机构之间建立起了某种熟悉或信任的关系，家长更愿意参与到机构的活动中去；另一方面，可能因为孩子的年龄越大，家长更能够接受孩子的发展状况，社会活动范围扩大，不再局限为对孩子进行家庭教育，家长也会寻求更多的社会资源，从而加强了家长参与校内活动的程度。

不同障碍类型儿童的家长其参与水平也不同，具体表现为，自闭症儿童的家长参与程度显著高于智力障碍和脑瘫组儿童家长。Benson(2008)对接受特殊教育服务的215名自闭症儿童的调查中发现，孩子的行为问题和母亲的参与程度呈显著负向预测作用，也就是说孩子的行为问题越严重，母亲的参与程度越低。而本研究中得出的结论为自闭症儿童的家长参与程度高于智力障碍和脑瘫组儿童家长，造成这一现象的原因可能是样本的偏差。Benson的研究是对自闭症儿童的母亲的参与程度的调查，而本次研究中涉及多个障碍类型的儿童，针对不同障碍类型的儿童对家长参与程度的影响还有待进一步的研究。

第二节　特殊儿童家长与专业人员的关系

家长和教师关系是指学校在教育学生过程当中,教师与家长所产生的一种人际关系(熊艳,2007)。本研究中,家长与专业人员的关系定义为:家长对于专业人员的满意程度,在以家庭为中心和以儿童为中心的两个维度上,特殊儿童家长与专业人员的关系是否具有能力、承诺、平等、积极沟通、尊重和信任等特征。

一、特殊儿童家长与专业人员关系及影响因素结果

(一)特殊儿童家长与专业人员关系情况整体水平

为了解特殊儿童家长与专业人员关系的总体水平,对特殊儿童家长与专业人员关系的各个维度进行分析,结果如表5-4所示。总体上,特殊儿童家长对专业人员的满意度处于中上水平,问卷总体平均分为 M=4.23(SD=0.516),在以家庭为中心维度的满意度最高,以儿童为中心的满意度得分最低。

表5-4　特殊儿童家长与专业人员关系整体分析(N=371)

维度	Min	Max	M	SD
儿童中心	2.50	5.00	4.11	0.559
家庭中心	2.88	5.00	4.31	0.532
关系总体	2.79	5.00	4.23	0.516

在家长与专业人员关系量表开始前请家长选择在过去

六个月中为特殊儿童提供服务最多的专业人员,统计数据结果发现特殊教育教师人数最多为246人,占总人数的64.9%;其次为言语治疗师90人,占比23.7%;行为治疗师31人,占总人数8.2%。其他为特殊儿童提供服务的专业人员依次为作业治疗师(3人)、医生(2人)、物理治疗师(1人)、顾问或治疗师(1人)。

(二)特殊儿童家长与专业人员关系影响因素

在讨论人口学变量对家长和专业人员关系的影响前,对量表数据进行前提假设的检验,再进行相关变量的分析,研究结果见表5-5。

表5-5　家长与专业人员关系在人口统计学变量上的差异(M±SD)

			以儿童为中心	以家庭为中心	伙伴关系（总）
婚姻状况	在婚	356	4.13±0.55	4.33±0.53	4.24±0.51
	非常态婚姻	13	3.89±0.62	4.01±0.40	3.96±0.47
	T		1.492	2.817*	1.962
母亲学历	初中及以下	52	3.97±0.57^b	4.16±0.48^b	4.07±0.49^b
	高中及大专	179	4.09±0.56^b	4.32±0.54^a	4.22±0.52^b
	本科及以上	118	4.27±0.52^a	4.42±0.51^a	4.35±0.48^a
	F		6.689**	4.548**	5.586**

对特殊儿童家长的婚姻状况进行独立样本T检验,结果发现在婚的家长在家庭中心维度上显著高于非在婚的家长,在关系总体上的差异接近显著($p=0.051$),并且在婚的家长在各维度上的均分都较高于非常态婚姻状态的家长。

通过对不同学历的特殊儿童家长进行方差分析,发现父亲的学历在家长与专业人员关系的各个维度上并不存在显著差异,而母亲学历在三个维度上都具有显著差异,其中母亲学历在本科及以上组的家长对专业人员的满意度最高,其次为高中及大专,初中及以下家长对专业人员的满意度则最低。通过LSD事后多重比较发现高中及大专组的家长和初中及以下组的家长在以儿童为中心维度和关系总体维度上的得分显著低于本科及以上组的家长。本科及以上和高中及大专组家长在以家庭为中心维度上显著高于初中及以下组家长。由此可见,母亲学历影响家长对专业人员的满意度,他们之间为正相关关系,即母亲学历越高则越容易对专业人员感到满意。

对特殊儿童父母的性别[t(369)=0.571, p=0.568]、户口所在地[t(335)=1.359, p=0.186]、特殊儿童的性别(t=0.374, p=0.708)、是否为独生子女[t(366)=0.336, p=0.737]、家庭结构[t(360)=0.735, p=0.463]、等变量进行独立样本T检验发现,家长与专业人员关系在各个维度上均不存在显著差异,这说明特殊儿童父母的性别、户口所在地、特殊儿童的性别以及特殊儿童是否为独生子女不会影响到家长与专业人员的关系。

对特殊儿童的家长年龄[F(3,339)=0.629, p=0.597]、特殊儿童年龄[F(2,365)=0.492, p=0.612]、父亲职业[F(5,322)=1.886, p=0.096]、母亲职业(F(5,331)=0.706, p=0.602)以及家庭收入[F(4,359)=0.941, p=0.441]等进行单因素方差分析,结果显示这些变量在父母与专业人员关系的各个维度及总体上都不存在显著差异,证明这都不是影响父母与专业人员关系的因素。

二、特殊儿童家长与专业人员关系及影响因素讨论

(一)特殊儿童家长与专业人员关系整体分析

特殊儿童家长与专业人员的关系在总体上均分为4.23,表明家长对专业人员具有较高的满意度。从家长与专业人员关系的两个维度来看,以家庭为中心层面显著高于以儿童为中心层面。究其缘由,一方面可能是教师认可家长在特殊儿童教育和发展中的重要作用。在日常教育中,注重维持与家庭之间的关系,能够做到与家长真诚、友好沟通,积极争取家长的支持与配合。另一方面可能是家长对专业人员在为儿童提供服务的满意度较低,这可能与家长对专业人员在儿童教育康复服务质量的高期待有关,也反映出家长对专业人员的专业性不够满意。本研究中的家长主要来自武汉市民办特殊儿童康复机构,有调查显示目前我国民办特殊儿童康复机构中仍存在师资稀少(王玮、章政,2019)、机构不重视家庭康复和家长培训(张盼盼、肖永涛,2018)、教师学历水平和专业素养低(付忠莲、胡金秀、黄存泉,2017)等问题。Murray等人(2016)提及美国在大学的特殊教育课程中专门设立了职前培训课程,要求在职和准备就职的专业人员需要与特殊儿童家长进行互动和合作。而我国目前的特殊教育教师的发展中,很少提及相关课程的培训,对特殊教育机构中家长与专业人员之间合作关系的重视程度还有待加强。

在对为特殊儿童家长提供服务的专业人员调查中,发

现为特殊儿童提供服务最多的专业人员是特殊教育教师，其次为言语治疗师和行为治疗师等。其他为特殊儿童提供服务的专业人员非常少，相对于国外完善的以家庭为中心的特殊儿童支持服务体系中的专业人员，如个案管理或服务协调员、就业辅导员、社会工作者、职业顾问等，在问卷中无人选择。说明在我国为特殊儿童提供服务的专业人员主要以特殊教育教师为主，其他类型的专业人员还不常见，这也说明了我国对特殊儿童和家庭的服务专业团队不够完善。

（二）家长与专业人员关系的影响因素分析

不同婚姻状态的家长对专业人员的满意度存在显著差异，主要表现为在婚的家长在各维度上的均分都较高于非常态婚姻组的家长，这与Dechillo（1994）的研究结果相反。Dechillo调查455名特殊儿童家长对专业人员的满意度，发现单亲的家长对专业人员的满意度更高，他们认为专业人员对他们提供了更多的支持，专业人员会对家庭的实际需求做出反应。这反映出我国专业人员对特殊儿童的家庭支持不够，不能根据特殊儿童家庭的实际需求给予帮助和支持。对非常态婚姻组的家长并没有过多地关注和支持，并且当前特殊儿童家长接受专业人员的支持仅停留在以儿童为中心层面，缺少对家庭的整体支持。这也和我国特殊儿童康复的现状有关，目前的教育康复机构以面向儿童的机构中心的康复模式为主导，缺少对特殊儿童家庭整体需求的关注，从而影响家长对专业人员的满意度。

在家长的学历水平上,父亲的学历在家长与专业人员关系的各个维度都没有显著差异;而母亲学历在各维度上都具有显著差异,表现为母亲的学历越高,家长对专业人员的满意度越高。首先,母亲相对于父亲来说更多地参与特殊儿童的教育中,并且参与家校交流的程度较高,因此母亲对于专业人员的接触相对于父亲来说更为频繁。其次,母亲的学历越高,可能会积极地学习儿童康复和发展的信息和知识,与专业人员的沟通更加顺畅,更可能与专业人员建立相对平等的对话关系,因而影响了家长对专业人员的满意度。

第三节　特殊儿童家长教养效能感

家长教养效能感是家长自我效能感在教育子女领域的体现,具体指父母对他们是否具备管理子女能力的信念和能否为子女的行为和发展方向施加有利引导的信念(Teti & Gelfand, 1991)。本研究中,家长的教养效能感是指特殊儿童家长对于自己作为父母的主观评价,是家长在教育特殊儿童过程中对自己教养行为的信念。

一、特殊儿童家长教养效能感及影响因素结果

(一)特殊儿童家长教养效能感情况整体分析

对特殊家长教养效能感进行分析,收到有效数据372

份,最大值为5,最小值为2。家长教养效能感量表总体平均分为M=3.60(SD=0.597),处于中等水平。

(二)人口统计学变量对家长教养效能感的影响

在讨论教养效能感的影响因素分析前,同样进行正态数据检验和方差齐性检验,在数据满足前提假设条件后,再进行相关变量的分析。如表5-6所示,特殊儿童家长的婚姻状况对家长的教养效能感有影响作用,具体表现为,在婚组的家长教养效能感均分显著高于非常态婚姻组的家长。对不同学历的特殊儿童家长进行方差检验,据事后比较分析,特殊儿童父母学历对家长教养效能感均有显著影响,都表现为本科及以上的家长显著高于高中及大专和初中及以下的家长。说明在特殊儿童家长中受教育水平越高,其家长教养效能感越好。在特殊儿童障碍类型方面患有听力障碍和其他障碍(以语言发育迟缓为主)的家长教养效能感显著高于智力障碍和自闭症儿童的家长,说明特殊儿童障碍程度越轻,家长的教养效能感越好。

表5-6 特殊儿童家长教养效能感在人口学统计学变量上的差异(M±SD)

项目		N	教养效能感
婚姻状况	在婚	357	3.62±0.59
	非常态婚姻	13	3.19±0.40
	T		2.557*
父亲学历	初中及以下	58	3.56±0.51[b]
	高中及大专	150	3.57±0.61[b]
	本科及以上	130	3.73±0.59[a]
	F		3.081*

续表

项目		N	教养效能感
母亲学历	初中及以下	52	3.46±0.48[b]
	高中及大专	180	3.56±0.62[b]
	本科及以上	118	3.77±0.58[a]
	F		6.553[**]
障碍类型	智力障碍	79	3.56±0.56[b]
	听力障碍	32	3.89±0.60[a]
	自闭症	197	3.50±0.59[b]
	其他	43	3.90±0.55[a]
	脑瘫	21	3.68±0.54
	F		6.627[***]

而对特殊儿童的家长性别[$t(370)=1.154$, $p=0.249$]、特殊儿童性别[$t(367)=0.738$, $p=0.461$]和是否为独生子女[$t(367)=0.01$, $p=0.993$]等变量进行独立样本 T 检验,发现家长的教养效能感均不存在显著差异。对特殊儿童年龄[$F(2,366)=2.267$, $p=0.105$]、家长年龄[$F(3,339)=2.518$, $p=0.059$]、家庭月收入[$F(4,360)=1.868$, $p=0.116$]、父亲职业[$F(5,327)=2.163$, $p=0.058$]和母亲职业[$F(5,332)=2.182$, $p=0.057$]等人口学变量上方差分析结果均不显著,说明这些都不是影响家长教养效能感的因素。

二、特殊儿童家长教养效能感及影响因素讨论

(一)特殊儿童家长教养效能感整体分析

特殊儿童家长教养效能感总体得分为 3.60,处于中等水

平。出现这一现状的原因可能为以下几点:第一,在特殊教育机构接受康复的儿童以学前儿童为主,低龄儿童比较多,家长处于角色初期,还未能完全适应为人父母这一角色,特殊儿童的到来又给家长带来了新的难题,家长认为自身还缺少足够的能力应对家庭的变化。在这一时期,家长往往对特殊儿童抱有愧疚和自责的心理,认为儿童的障碍问题是由自身造成的,家长的心理压力也可能影响教养效能感。第二,家长对特殊儿童不合理的期望、无法系统规划儿童的教育、难以有效配合教师和学校的工作。第三,有研究显示,社会支持影响特殊儿童家长的教养效能感(黄平,2017)。而特殊儿童家长的外界支持较少,没有充足的社会资源的支持,家长对子女的教育行为没有得到良好的指引,家长对自己能否胜任家长这一角色存在怀疑,因而教养效能感较低。总的来说,这些问题一方面由于特殊儿童家长对特殊儿童的异常发展缺乏认识,另一方面在于特殊儿童家长缺乏有效的支持,缺乏有效的教育技能,从而导致家长的教养效能感较低。

(二)人口统计学因素对家长教养效能感的影响

在婚组的家长教养效能感均分显著高于非常态婚姻组的家长,与Hartley等人(2011)对美国406名自闭症儿童家长进行追踪调查的研究结果一致,家长婚姻状况的满意度越高,其教养感越高。这可能说明在婚的家长家庭氛围较为良好,相对于非常态婚姻组(包括离异、丧偶)的家长其面对的压力较小,在养育特殊孩子时父母双方能够互相协调,共同合作,教养效能也更好。

在不同的学历水平上,家长的教养效能感存在差异,与Gilmore 和 Cuskelly(2010)对澳大利亚的 1201 名家长的教养效能感研究中的研究一致,表现为受教育水平越高的家长教养效能感越强。同时雷秀雅等人(2010)的研究中也指出家长的受教育程度是影响家长教养效能感的重要因素,特殊儿童的心理治疗更多是家庭治疗,良好的家庭治疗取决于父母对病情及治疗方法的掌握和运用。受教育程度高的家长在养育特殊子女的过程中采取较为科学的教养方式,与专业人员进行协调和配合意愿也越高,从而提升自身教养效能感。

特殊儿童的障碍类型也是影响其家长教养效能感的因素之一,具体表现为听力障碍和其他障碍(以语言发育迟缓为主)的家长教养效能感显著高于智力障碍和自闭症儿童的家长,说明相对于智力障碍和自闭症儿童的家长,听力障碍和其他障碍(以语言发育迟缓为主)的家长在教育过程中面临的压力和挑战也越小,在教养过程中越容易获得积极的体验,因此家长的教养效能感较高。

第四节　特殊儿童家庭适应

本研究采用生态文化理论视角,认为特殊儿童适应即家庭在面临逆境时利用家庭的优势和社会的资源,从而维持家庭生活常规,实现良好适应的能力。

一、家庭适应水平及人口学影响因素

(一)特殊儿童家庭适应力情况整体分析

家庭适应力量表采用标准九分量表,平均值为5。对家庭适应力量表得分进行描述性统计,结果如表5-7所示,问卷整体平均分为M=5.60(SD=1.181),处于中上水平,说明特殊儿童家庭适应力较为良好。进一步对数据分析,家庭关系层面得分最高,其次为获取支持层面和家庭常规层面,社会参与层面得分最低。

表5-7　特殊儿童家庭适应力情况整体分析(N=366)

维度	Min	Max	M	SD
家庭关系	2.00	9.00	6.83	1.681
获取支持	1.75	9.00	6.27	1.607
家庭常规	1.00	9.00	5.04	1.902
社会参与	1.00	9.75	4.29	1.858
家庭适应力(总)	2.27	8.69	5.60	1.181

(二)影响家庭适应力人口学因素

在进行平均数差异检验前对数据进行核验,如正态分布检验(数据检验),方差齐性检验,检验数据是否满足前提假设,然后再对数据进行独立样本T检验和单因素方差分析,对影响家庭适应力的家长自身特征和特殊儿童特征等人口统计学变量进行分析,结果如表5-8所示。

表5-8 特殊儿童家庭适应力在人口统计学变量上的差异(M±SD)

项目		N	家庭关系	获取支持	家庭常规	社会参与	家庭适应力(总)
婚姻状况	在婚	350	6.93±1.63	6.32±1.56	5.10±1.87	4.34±1.85	5.56±1.17
	非常态婚姻	13	4.47±1.52	5.78±2.06	3.75±1.92	3.21±1.63	4.47±0.73
	T		4.705***	0.931	2.543*	2.158*	3.609***
家庭结构	核心家庭	222	7.02±1.58	6.29±1.59	4.95±1.86	4.29±1.82	5.64±1.11
	非核心家庭	136	6.55±1.81	6.21±1.58	5.13±1.93	4.24±1.87	5.52±1.28
	T		2.488**	0.418	0.859	0.216	0.912
家庭收入	9000元以上	116	7.17±1.63	6.24±1.74	5.60±1.85^a	4.53±1.81	5.93±1.20^a
	7000~8999元	75	6.85±1.46	6.57±1.50	5.36±1.50^a	4.50±1.74	5.75±0.98^a
	5000~6999元	68	6.78±1.67	6.44±1.60	4.96±1.95^b	4.27±1.93	5.50±1.16^b
	3000~4999元	78	6.49±1.93	6.04±1.43	4.21±1.86^b	3.82±1.93	5.16±1.19^b
	3000元以下	21	6.49±1.72	5.82±1.92	4.04±2.01^b	3.92±1.87	5.20±1.26^b
	F		2.236	1.654	8.936***	2.224	6.246***
父亲学历	初中及以下	56	6.59±1.89	5.95±1.43	4.17±1.79^c	3.98±1.88	5.17±1.20^b
	高中及大专	150	6.78±1.73	6.41±1.59	4.98±1.82^b	4.22±1.81	5.59±1.15^b
	本科及以上	131	7.07±1.54	6.22±1.66	5.58±1.85^a	4.52±1.92	5.85±1.20^a
	F		1.847	1.798	12.110***	1.828	6.762**

	N					
母亲学历						
初中及以下	49	6.24±1.94^b	5.81±1.45^b	4.02±1.97^c	3.85±1.88^b	4.96±1.15^c
高中及大专	117	6.89±1.69^b	6.39±1.64^a	4.84±1.88^b	4.16±1.88^b	5.55±1.18^b
本科及以上	118	7.07±1.52^a	6.31±1.55	5.74±1.71^a	4.63±1.78^a	5.97±1.14^a
F		4.416*	2.572	17.152***	3.823*	13.527***
父亲职业						
不工作	8	5.88±1.98	4.97±1.75	3.42±1.58	2.82±1.08	4.50±0.67
工作	317	6.88±1.69	6.29±1.59	5.10±1.91	4.33±1.87	5.63±1.20
T		1.650	2.301*	2.467*	2.264*	2.666**
母亲职业						
不工作	193	6.71±1.72	6.18±1.47	4.71±1.95	4.03±1.81	5.42±1.19
工作	140	7.05±1.66	6.34±1.75	5.46±1.79	4.62±1.84	5.86±1.20
T		1.815	0.918	3.657***	2.920**	3.352**
父母年龄						
30岁及以下	109	7.03±1.76^a	6.51±1.57	5.32±1.78^a	4.39±1.95^a	5.78±1.22^a
31~35岁	118	7.00±1.59^a	6.34±1.50	5.04±1.93	4.40±1.75^a	5.66±1.16^a
36~40岁	76	6.43±1.64^b	6.09±1.71	4.65±1.85^a	3.81±1.79^b	5.30±1.09^b
41岁以上	35	7.16±1.43^a	6.08±1.71	5.43±1.90^a	4.76±1.96^a	5.81±0.95^a
F		2.758*	1.288	2.387	2.682*	3.010*
儿童年龄						
3岁及以下	106	7.12±1.63	6.62±1.47^a	5.51±1.76^a	4.62±1.73	5.94±1.19^a
4~7岁	190	6.72±1.70	6.26±1.72^a	4.91±1.96^a	4.11±1.96	5.45±1.19^b
8~15岁	67	6.78±1.72	5.80±1.41^b	4.67±1.90^b	4.29±1.75	5.51±1.08^b
F		1.985	5.5436**	4.984**	2.492	6.469**

注：*表示$p<0.05$，**表示$p<0.01$，***表示$p<0.001$，^{abc}表示LSD事后检验$p<0.05$，下同.

189

1.家长因素对家庭适应力的影响

对家长婚姻状况两组数据进行独立样本 T 检验,结果发现在婚的家长在家庭关系、家庭常规、社会参与以及适应力总体的均分都显著高于非常态婚姻组的家长。说明非常态婚姻下其家庭适应力显著低于在婚的家庭,尤其在家庭关系层面存在极其显著的差异。

对两组不同的家庭结构变量进行独立样本 T 检验,结果在家庭关系层面核心家庭的均分显著高于非核心家庭,而在其他各个维度二者不存在显著差异,说明家庭结构只影响适应力水平的家庭关系层面,而对家庭整体的适应力影响不大。

对家庭收入进行单因素方差分析,检验结果为家庭收入在家庭常规、社会参与以及适应力总体都存在显著差异。通过事后检验发现家庭收入在 9000 元以上组别的家长其适应力均分显著高于收入在 7000~8999 元组别的家长。并且在家庭常规层面家庭收入在 7000 元以上的家庭均分与 5000 元以下组别的家庭存在极其显著的差异。综合不同家庭收入组别的均值来看,家庭收入影响家庭适应力水平,并且收入越高其家庭适应能力也越强。

分别对父亲的学历和母亲的学历进行方差分析,结果发现父亲的学历在家庭适应总体和家庭常规层面存在显著差异;母亲学历在家庭适应总体及各个维度都存在显著差异。在家庭常规层面父亲学历和母亲学历都存在极其显著的差异,适应力由高到低依次为本科及以上组、高中及大专组、初中及以下组。经过 LSD 事后多重检验进一步比较分析,不同学历的父亲在家庭适应力总体水平上差异显著,表现为本科及以上组和高中及大专组的均分高于初中及以下组的均分。不同学历的母亲在家庭适应力的整体水平上存在极其显著的差异,在家庭关系、获取支持和社会参与层面都表现为本科及以上组的均分显著高于初中及以下组的均分。综合整体情况来看,特殊儿童家长的学历越高其家庭适应力越好。

对于父母职业的划分,问卷中划分较为详细,分别为企业或事业单位领导或职员、教师或医生等专业技术人员、工人、个体经营业主、不工作等六种类型。通过进一步的方差分析发现父母职业为企业或事业单位职员或领导、教师或医生等专业技术人员、个体经营业主以及工人之间不存在显著差异,因此简化数据结果仅呈现父母职业为在职和不工作两种类型,对两种不同工作类型的家长进行独立样本T检验,结果发现父亲中不工作的仅有8人,占总人数的2.5%;母亲不工作的有193人,占总人数的58%;在家庭关系层面父母职业是否为在职不存在显著差异,在获取支持层面父亲是否工作存在显著差异,而母亲职业类型对其影响不大。在家庭常规、社会参与层面父母工作和不工作均存在显著差异。在家庭适应力水平上不同职业类型的家长均存在极其显著的差异($p<0.01$),不工作的家长得分均显著低于工作的家长,说明父母中不工作的特殊儿童的家庭适应水平显著低于工作的特殊儿童家庭。

对四组不同年龄段的特殊儿童家长进行单因素方差分析,分析结果为父母的年龄在家庭适应力总体和家庭关系、家庭常规、社会参与层面都存在显著差异。通过事后检验LSD法可以看出年龄在36-40岁组的家长家庭适应能力最差,并显著低于其他三个组。从各个年龄阶段家庭适应各维度均分来看,40岁以下的家长家庭适应能力随着年龄的增加而逐渐降低,在36-40岁年龄组达到最低谷,而41岁以上的家长家庭适应能力显著高于36-40岁的家长。

对父母性别进行独立样本T检验发现,家庭适应力总体水平上不存在显著差别[(t(364)=0.130,p=0.896]其中母亲(M=5.61,SD=1.12)、父亲(M=5.59,SD=1.19),说明父母性别不是影响家庭适应能力的因素。

2.特殊儿童因素对家庭适应力的影响

特殊儿童年龄在获取支持层面、家庭常规层面以及家庭适应总体上都存在显著差异,在家庭关系和社会参与层面三者无显著差异。根据LSD事后多重检验显示,3岁以前组在家庭常规以及家庭适应总体均分上都显著高于其他两个年龄组的儿童;3岁以下儿童组和4-7岁儿童组在获取支持层面都显著高于8-15岁儿童组。这表明特殊儿童年龄越小,家庭的适应力水平越高。

对特殊儿童的性别进行独立样本T检验,结果显示在家庭适应的总体水平上没有显著影响[t(361)=1.385,p=0.167],其中男孩为(M=5.54,SD=1.17),女孩为(M=5.74,SD=1.19);独生子女(M=5.67,SD=1.18)和非独生子女(M=5.49,SD=1.16)在家庭适应水平上也不存在显著差异[t(361)=1.389,p=0.166],这表明特殊儿童的性别和是否为独生子女不是影响家庭适应水平的因素。

对特殊儿童的障碍类型进行单因素方差分析发现,不同障碍类型的特殊儿童家庭在家庭关系、获取支持、家庭常规、社会参与等维度均不存在显著差异,在家庭适应力总体上存在显著差异[F(4,361)=3.08,p=0.014],经事后检验得知有其他障碍儿童(以语言发育迟缓儿童为主)的家庭适应水平显著高于自闭症儿童和智力障碍儿童。

二、家庭适应水平及影响因素分析

(一)特殊儿童家庭适应力整体分析

特殊儿童家庭适应力的总体均分为5.6,表明特殊儿童家庭适应力较为良好,说明多数特殊儿童家庭能够在整体上维持家庭正常的可持续的运转,这与以往研究强调特殊儿童作为压力源,为家庭带来更多的消极影响(Olsson & Hwang,2001)不一致。但这一结果也可能与本研究的样本特征有关,本研究样本来源于武汉市特殊儿童康复机构的家长。第一,这些家长的孩子已经接受康复训练,并且受到了专业人员的服务与支持,得到了一定的社会支持;第二,选取家长的收入水平较高,其中9000元及以上的家长占比最多为31.1%,家庭总体的经济状况较好。由此可以看出,选取样本中的家长拥有一定专业人员的支持、社会政策的支持以及经济支持,根据McConnell等人(2017)的观点,特殊儿童家庭拥有良好的社会资源,有助于家庭适应与复原。

从特殊儿童家庭适应的各维度来看,家庭关系层面均分最高,这一研究结果中多数特殊儿童家庭能够比较好地处理家庭成员之间的关系。Tim等人(2009)对9名智力障碍儿童家长的质性研究发现,家长认为养育一个有缺陷的孩子拉近了他们和家庭成员的距离,家庭成员一起商量如何解决问题,互相体谅,并且共同承担起养育特殊儿童的重任,提升了家庭的凝聚力。因此在家庭关系层面,特殊儿童的家长可能采取了一种积极的应对方式,能够较好地适应特殊孩子的到来,并为之创造良好的生活环境,家庭成员在共同面对问题的时候他们之间的关系更加和谐。

在获取支持层面,得分较高,表明特殊儿童家庭在寻求家庭外支持和资源过程中表现较为积极。根据前人的研究,外在的支持是提升特殊儿童家庭适应力的重要方面(McConnell & Savage, 2017)。需要注意的是,样本中的特殊儿童家长来自于康复机构,其本身已经获得了来自政府、机构及专业人员的支持,这也可能在一定程度上影响研究结果。在家庭常规层面得分较低,对于特殊儿童家庭来说,维持有意义的,并且满足所有家庭成员需要的日常生活,还是相对困难的。他们需要花费大量的时间照顾孩子,必要时还要对孩子进行行为干预,在家完成特殊教育老师给予的教育训练,他们没有留给自己的时间,更别说满足自己的需求。因此,对于特殊儿童的家庭来说,维持日常生活常规较为困难。

在社会参与层面得分最低,表明特殊儿童家庭存在一定程度的社会隔离,有研究显示特殊儿童家长所得到的社会支持显著低于普通儿童家长(秦秀群、彭碧秀、陈华丽,2009),并且社会支持网络构成结构和数量少(贺荟中、林海英,2013)。这一结果可能受到两方面影响,其一,传统思想认为有残疾孩子是"丢面子"的事情,因此家长主动避免社会交往和参与社会活动;其二,我国社会尚存对于特殊儿童及家庭污名化和歧视(秦红霞,2017),社会对特殊儿童的接纳度低影响特殊儿童家庭社会参与。

(二)影响家庭适应的人口学因素分析

特殊儿童家长的婚姻状况在家庭适应力总体上存在显著差别,尤其在家庭关系层面存在极其显著的差异,表现为在婚的家长显著高于非常态婚姻组。周文娟(2019)对91名自闭症儿童家长和91名健康儿童家长的调查中也发现,特殊儿童的家庭功能(包括亲密度和适应性)受父母婚姻状况的影响,父母离异的家庭更容易出现极端型,即家庭功能中的亲密度和适应性越差。在婚的家庭夫妻双方共同承担养育特殊儿童的责任,在面对特殊儿童带来的挑战时能够互相支持,从而家庭关系得分较高;而非常态婚姻的家长其家庭关系较为紧张,可能独自一人照顾孩子的同时还要肩负整个家庭的重担,从而导致其家庭关系层面得分较低。在家庭常规和社会参与层面,可能因为在婚组的父母能够互相轮换照顾孩子,从而能够有一点属于自己的时间满足自己的需求,维持更好的家庭常规;另一方面,家长双方拥有更广泛的社交圈,有更多的机会探寻适合的资源,因而家庭常规层面和社会参与层面得分较高于非在婚组的家长。

核心家庭在家庭关系层面显著高于非核心家庭,可能由于核心家庭相比于单亲家庭、隔代家庭以及三代或四代同堂的家庭来说,夫妻双方没有繁琐的杂事困扰,对于养育特殊儿童引起冲突或意见的分歧较少。Sands等人(2000)对129名50岁以上的祖父母进行问卷调查发现,祖父母在照顾孩子时压力较大,容易与父母发生冲突,从而导致家庭的凝聚力低,家庭关系不和谐。而核心家庭中即使夫妻在生活或养育子女过程中出现了问题,但能够相互理解与包容,寻找积极的解决方案,因此其家庭关系的适应性较好。在我国主干家庭中,祖父母在孙辈的教养中扮演着重要角色,对部分家庭而言祖父母的存在可能是导致家庭关系紧张的原因之一。

家庭收入影响家庭适应力水平,并且收入越高其家庭适应能力也越高,这与Chou(2006)的研究结果一致。对于特殊儿童家庭来说,教育康复的费用是一笔巨大的开销,家长的时间全部以孩子为中心,自己的需求得不到满足。而收入对特殊儿童家庭来说就是一种资源,比如收入高的家庭有能力支付康复费用,有能力雇用第三方照顾儿童起居,有能力照顾特殊儿童之外的其他家庭成员的需要等。在获取足够的社会资源时,家庭的适应力水平也会得到一定的提升。

父亲的学历在家庭适应总体和家庭常规层面存在显著差异;母亲学历在家庭适应的各个维度都存在显著差异,都表现为学历越高家庭适应力越好。Azar(2006)对127名智力障碍儿童家长的调查也显示母亲的受教育水平越高,适应能力越强。这可能是一方面由于高学历的父母认知水平较高,对特殊儿童存在障碍的认知观念较为科学,能够较为客观地认识到特殊儿童所带来的困难和挑战,能够寻求和调动资源来适应家庭状况的复杂性。而且,母亲作为特殊儿童的主要照顾者与特殊儿童的接触时间较多,她们自身适应能力的不同影响了家庭适应力。另一方面也可能为高学历的父母从事的工作较为稳定,收入相对于其他家庭来说更高和更稳定,家庭所受到的经济负担压力较小,因此适应水平也相对较高。

从家庭常规和社会参与层面以及家庭适应力的状况来看,父母是否在职在家庭适应力水平上差异显著,与Chou

(2006)的研究结果一致,且表现为父母中不工作的特殊儿童的家庭适应水平显著低于工作的特殊儿童家庭。进一步分析发现父亲中不工作的占总人数2.5%;而母亲中有58%是全职妈妈。这说明为了照顾有特殊需要的儿童,大部分母亲不得不放弃自己正常的工作生活,其原本的社会交往也受到限制,家长将全部身心围绕在特殊儿童身上,牺牲了个人时间,忽略了自身的需求从而导致家长面临更大的压力;此外,不工作的家长其家庭的生活重担全都压在夫妻另一方上,家庭的经济收入不能满足整个家庭的需求,也是致使家庭适应力较差的原因之一。

　父母的年龄在家庭适应力总体和家庭关系、家庭常规、社会参与层面都存在显著差异,36~40岁的家长的家庭适应力最差,可能由于家长正值中年,上有老下有小,在教育特殊儿童的同时还要面临家中长辈的照顾责任,其家庭所受的压力较大,因此家庭适应水平较低。而30岁以下的家庭适应力水平最高,此年龄阶段的家长精力较为旺盛,为改善家庭和孩子的发展,会努力寻求社会的资源,进而家庭适应力较高。另外,黄平(2017)对305名智力障碍家长的调查发现,父母年龄在36岁以下和45岁以上的朋友支持和社会支持总分显著高于父母年龄为36~45岁的。说明特殊儿童家长不同年龄阶段的社会支持和朋友支持不同,也可能是影响其家庭适应的因素之一。父母年龄在30岁以下,孩子大部分刚刚进入特殊教育机构或者小学,需要适应新的环境,机构或学校也会相应地给特殊儿童家长开设讲座和培训,给予父母更多的帮助和支持,希望特殊儿童和家长能够顺利适应角色;而40岁以上的家长孩子大多完成九年义务教育,准备离开机构或学校,在这一阶段机构、学校或者社会相关部门也会考虑如何为特殊儿童的家长提供相应的指导和帮助,为特殊儿童提供相应的技能训练和未来安置等信息。因此30岁以下的家长和40岁以上的家长受到的社会支持较多,其家庭适应情况越好;而36~40岁的家长处于中间地带,所受到的支持在一定程度上较低,这也是他们家庭适应情况最差的原因之一。与国外的研究结论不同,在父母性别上,特殊儿童家庭适应力不存在显著差别。这可能是由于样本选择和数量上的差异所致,还有待进一步地深入与探讨。

特殊儿童不同的年龄阶段,在获取支持层面、家庭常规层面以及家庭适应总体上都存在显著差异,而在家庭关系和社会参与层面三者无显著差异,表现为特殊儿童年龄越小,家庭的适应力水平越高。赵梅菊等人(2015)对武汉市、深圳市、南昌市的112名智力障碍和自闭症儿童的调查发现,特殊儿童的适应行为随着年龄的增长而下降。这说明特殊儿童的家庭适应可能和特殊儿童自身存在的特征有关,特殊儿童年龄越小其表现的行为和社会交往的障碍和普通儿童没有显著差别。但是随着年龄的增大,社会对个体适应行为的要求也会提高,因此,特殊儿童面临更多的教育需求,家长也会担心特殊儿童的未来成长和社会适应,家长日益增长的担忧促使家庭的压力增大,从而影响家庭的适应水平。

不同障碍类型的特殊儿童其家庭适应力水平也存在显著差异,Bruce等人(2002)研究结论一致,表现为有行为问题的儿童家庭适应力较低。本研究中有其他障碍儿童(家长自填)的家庭适应水平显著高于自闭症儿童和智力障碍儿童,其他障碍儿童类型主要包括语言发育迟缓（40名）、语言障碍（2名）、感觉统合失调（1名）。注意力缺陷综合征（2名），相对于自闭症儿童和智力障碍儿童，这些儿童所表现的行为问题，社交技能等障碍程度较轻，家庭所面临的压力较小，因而适应水平较高。

三、家长参与、家长与专业人员关系与家庭适应关系

（一）家庭适应及其他因素的相关分析

描述及相关分析结果（见表5-9）表明，家庭适应与家长参与、家长与专业人员关系和家长教养效能感各个变量均呈显著正相关（$p<.05$）。

表5-9　各变量之间的相关分析

	M	SD	家庭适应	家长参与	家长与专业人员关系	教养效能感
家庭适应	5.60	1.181	1			
家长参与	3.26	0.570	0.126*	1		
家长与专业人员关系	4.23	0.516	0.314**	0.329**	1	
教养效能感	3.60	0.597	0.620**	0.109*	0.176**	1

注：*$p<.05$；**$p<.01$。

（二）家庭适应与各变量的回归分析

为进一步探索家长参与、家长与专业人员关系以及教养效能感对家庭适应力的预测作用，以家庭适应为因变量，人

口背景学变量中对家庭适应、家长参与、家长与专业人员关系、教养效能感均有显著影响的变量（即婚姻状况、母亲学历）为控制变量，家长参与、家长与专业人员关系、教养效能感等为自变量，进行阶层回归分析。本研究数据符合回归分析的样本要求，并且在多元线性关系、残差独立性、残差等分散性等方面均符合回归模型的要求，回归分析结果如表5-10所示。

表5-10　阶层回归分析统计表（N=377）

		区组一		区组二		区组三		区组四	
		Beta	t	Beta	t	Beta	t	Beta	t
自变量	一 婚姻状况	0.201	3.884***	0.191	3.687***	0.171	3.389**	0.118	2.90**
	母亲学历	0.261	5.05***	0.246	4.709***	0.216	4.212***	0.115	2.757**
	二 家长参与			0.103	1.997*	0.015	0.281	0.044	0.997
	三 家长与专业人员关系					0.246	4.473***	0.146	3.259**
	四 教养效能感							0.569	13.613***
模型摘要	调整后 R^2	0.105		0.113		0.161		0.462	
	F	20.644***		15.177***		17.037***		58.307***	
	ΔR^2	0.111		0.012		0.051		0.299	
	ΔF	20.644***		3.883*		20.005***		185.323***	

由表可知，第一个区组控制变量对家庭适应具有显著的解释力，总体解释率为10.5%；在第二个区组特殊儿童家长参与变量投入模型后，家庭适应解释力增量为$\Delta R2=0.012$，$\Delta F=3.883$，$p<0.05$；到了第三阶段，家长与专业人员关系对于因变量的解释力增量为$\Delta R2=0.051$，$\Delta F=20.005$，$p<.001$；第四

阶段,教养效能感的解释增量为 $\Delta R2=0.299$,$\Delta F=185.323$,$p<0.001$,控制变量及自变量的总体解释率达到46.2%,家长参与的作用不再显著,家长与专业人员的关系以及教养效能感的贡献达到显著水平。

(三)家长参与和家庭适应的关系:家长与专业人员关系的中介模型检验

按照中介效应检验标准程序,在控制母亲学历、父母婚姻状况的情况下对家长与专业人员关系在家长参与和家庭适应之间关系的中介效应进行检验。结果(见表5-11)表明,家长参与对家庭适应的正向预测作用显著(Beta=0.252,t=2.568,$p<0.01$);家长参与可显著正向预测家长与专业人员关系(Beta=0.276,t=6.764,$p<0.001$)。当家长参与和家长与专业人员关系同时强制进入对家庭适应的回归方程时,家长与专业人员的关系可显著正向预测家庭适应(Beta=0.551,t=4.288,$p<0.001$),而家长参与对家庭适应的直接预测作用不再显著。

表5-11　伙伴关系的中介模型检验

回归方程(N=337)		拟合指标			系数显著性	
结果变量 预测变量		R	R^2	F	Beta	t
家庭适应		0.358	0.128	16.274***		
	婚姻状况				1.457	3.588***
	母亲学历				0.438	4.714***
	家长参与				0.252	2.568**
家长与专业人员关系		0.401	0.1607	21.252***		

续表

回归方程(N=337)	拟合指标	系数显著性
婚姻状况		0.245　1.450
母亲学历		0.100　2.577*
家长参与		0.276　6.764***
家庭适应	0.417　0.174　17.439***	
婚姻状况		1.322　3.329**
母亲学历		0.384　4.188***
家长与专业人员关系		0.551　4.288***
家长参与		0.101　0.985

此外,家长参与对家庭适应的直接效应在 bootstrap 95% 置信区间中包含 0,而家长与专业人员关系的中介效应的 bootstrap 95% 置信区间的上、下限均不包含 0(见表 5-12), 表明家长与专业人员的关系在家长参与和家庭适应之间起到了完全中介作用(温忠麟、叶宝娟,2014),即特殊儿童家长的参与程度可通过家长与专业人员关系的中介作用预测家庭适应水平,并且家长与专业人员关系的中介效应(0.152)占总效应(0.253)的 60%。

表5-12　总效应、直接效应及中介效应分解表

	效应值	Boot 标准误	Boot CI 下限	Boot CI 上限	相对 效应值
总效应	0.253	0.106	0.100	0.320	
直接效应	0.101	0.106	-0.107	0.306	39.9%
家长与专业人员 关系的中介效应	0.152	0.044	0.074	0.247	60.1%

(四)家长参与和家庭适应的关系:家长教养效能感的中介模型检验

利用相同的程序,在控制婚姻状况与母亲学历的情况下,进一步检验教养效能感在家长参与和家庭适应关系中的中介作用,结果见表5-13。

表5-13 教养效能感的中介模型检验

回归方程(N=337)		拟合指标			系数显著性	
结果变量	预测变量	R	R^2	F	Beta	t
家庭适应		0.360	0.130	16.522***		
	婚姻状况				1.449	3.567***
	母亲学历				0.438	4.702***
	家长参与				0.263	2.694**
教养效能感		0.235	0.055	6.489***		
	婚姻状况				0.408	1.917
	母亲学历				0.176	3.617**
	家长参与				0.062	1.105
家庭适应		0.676	0.457	69.864***		
	婚姻状况				0.972	3.006***
	母亲学历				0.231	3.080***
	教养效能感				1.171	14.151***
	家长参与				0.210	2.717**

结果表明,家长参与对家庭适应的正向预测作用显著(Beta=0.263,t=2.694,$p<.01$);当家长参与和教养效能感同时强制进入对家庭适应的回归方程时,两者均可显著正向预测

家庭适应,分别为家长参与(Beta=0.210,t=2.717,$p<0.001$),教养效能感(Beta=1.171,t=14.151,$p<0.001$);但是家长参与对教养效能感的预测作用不显著(Beta=0.045,t=0.885,$p=0.269$),说明教养效能感在家长参与和家庭适应之间不存在中介作用。

(五)家长与专业人员的伙伴关系和家庭适应的关系:教养效能感的中介模型检验

以家长与专业人员之间的关系为自变量,家庭适应力为因变量,特殊儿童家长教养效能感为中介变量进行回归分析。同样的将婚姻状况和母亲学历作为控制变量,采用SPSS宏程序PROCESS的Mode4对数据进行处理。结果表明,伙伴关系对家庭适应力的正向预测作用显著(Beta=0.607,t=5.013,$p<0.001$),并且当放入中介变量家长教养效能感后,伙伴关系对家庭适应力的直接预测作用依然显著(Beta=0.388,t=3.940,$p<0.001$),家长教养效能感对家庭适应力的正向预测作用也存在显著(Beta=1.131,t=13.621,$p<0.001$)。

表5-14　教养效能感的中介模型检验

回归方程(N=336)		拟合指标			系数显著性	
结果变量	预测变量	R	R^2	F	B	t
适应力		0.403	0.163	21.501***		
	婚姻状况				0.809	2.885**
	母亲学历				0.388	4.232***
	伙伴关系				0.607	5.013***

续表

回归方程(N=336)		拟合指标			系数显著性	
教养效能感		0.273	0.0742	8.875***		
	婚姻状况				0.222	1.492
	母亲学历				0.153	3.144*
	伙伴关系				0.194	3.022**
适应力		0.681	0.463	71.474***		
	婚姻状况				0.558	2.475**
	母亲学历				0.215	2.886**
	伙伴关系				0.388	3.940***
	教养效能感				1.131	13.621***

此外,伙伴关系对家庭适应的直接效应和教养效能的中介效应的bootstrap95%置信区间的上、下限均不包含0(见表5-15),表明伙伴关系不仅能够直接预测家庭适应力,而且能够通过家长教养效能感的中介作用预测家庭适应力。教养效能感的中介效应(0.219)占总效应(0.607)的36.08%。说明家长教养效能感在伙伴关系和家庭适应力之间存在部分中介作用。

表5-15　总效应、直接效应及中介效应分解表

	效应值	Boot 标准误	Boot CI 下限	Boot CI 上限	相对 效应值
总效应	0.607	0.082	1.025	1.342	
直接效应	0.388	0.095	0.194	0.566	63.92%
教养效能感的中介效应	0.219	0.074	0.078	0.368	36.08%

四、家长参与、家长与专业人员关系与家庭适应的关系讨论

本研究探讨了特殊儿童家长参与、家长与专业的关系与家庭适应之间的关系，以及作用机制。研究发现特殊儿童家长参与与家庭适应显著相关，家长参与可以通过影响家长与专业人员的关系影响家庭适应。研究还发现特殊儿童家长与专业人员的关系与家庭适应显著相关，家长的教养效能感在两者之间发挥了部分中介作用。

首先，本研究发现在控制家长婚姻状况和母亲学历后，家长参与能显著的预测家庭适应水平，家长参与水平越高，家庭适应水平越高。这与 Bosen(2015)对自闭症儿童家庭的研究结果一致。其原因可能是家长参与水平高，家长和专业人员的互动会更为频繁，所感受到的专业人员的支持越有效，从而提升家庭适应；另外，家长参与水平高也可能是家长更多参与特殊子女的在家教育，逐渐提升自身的教养效能感，进而提升家庭适应。这些猜测在本研究中得到部分证实。

其次，本研究发现家长参与和家庭适应关系中家长与专业人员关系发挥了中介作用，即家长参与通过影响家长对专业人员的关系进而影响家庭适应。分析其原因，首先家长参与特殊儿童在家或在机构的教育训练，增加其与专业人员之间沟通交流的机会，也在一定程度上增加了家长获取专业人员支持的机会，使其感知到来自专业人员和机构的支持服务，进而提升家庭适应水平。研究显示家长与专业人员关系越好家长越倾向于向专业人员求助解决情感、家庭等遇到的困难(Harpaz & Grinshtain, 2020)。其次，家长参与可能会改

变家长对专业人员服务的认识。随着家长参与程度的增加、其参与的权利意识会随之增强,逐渐从被动地接受信息转为平等的合作者(Murray,2000),从而积极寻求外部的资源支持,提升家庭适应。再次,也有研究者对特殊儿童家长的访谈得知,家长与专业人员的良好关系能够使家长对儿童的身心福祉感到放心,从而使这一和谐关系延伸到与家庭关系中(Soodak & Erwin,2000)。

再次,本研究发现家长的教养效能感与家长参与,家长教养效能感和家庭适应均存在显著相关,但在家长参与和家庭适应关系中不存在中介效应。回归分析结果显示教养效能感能够显著预测家庭适应水平。这一方面是由于教养效能感高的家长倾向于积极地看待特殊儿童及其对家庭的影响;另一方面,教养效能感高的家长倾向于问题导向的应对方式去处理和解决子女教养和家庭生活遇到的挑战,这些均有利于家庭适应。但教养效能感的中介作用与研究假设不同。本研究中家长教养效能感与家长参与虽然显著相关,但相关程度较低(r = 0.126, p < 0.05)。这说明家长参与可能与教养效能感相关,但家长参与并不能直接提升教养效能感。有研究发现家长参与与家长教养效能感之间的关系是间接通过改变家长对专业人员及服务的满意度(Popp & You, 2016),或提升家长对儿童康复教育的知识和认识(Chung et al., 2015)来实现的。但我国特殊儿童家长参与水平较低,参与模式单一(姚璐璐,2006),因此对改变家长教养效能感的作用有限。另一方面,也有研究者认为家长教养效能感是因,家长参与是果,而不是相反(McStay, Trembath &

Dissanayake,2014),家长参与与家长教养效能感的关系亟待进一步研究。

最后,本研究发现家长与专业人员的关系与家庭适应水平显著相关,且家长教养效能感的部分中介作用显著。McConnell等人(2014)认为专业人员对特殊儿童家庭的支持,有助于家庭的适应与复原,Wilkinson(2013)认为家长与专业人员积极的关系有助于教养效能感的提升,这些研究结果得到了进一步的验证。同时家长与专业人员的沟通与合作本身就是特殊儿童家长可以利用的外在资源,专业人员的支持可以直接帮助家庭有效地适应环境的变化。家长与专业人员的沟通与合作可以增强家长对于自身教养能力的自信心和胜任力,可以更好地处理由特殊儿童带来的家庭生活的变故和挑战,从而提升家庭适应水平。Feldman等人(1975)也发现家长与专业人员之间的沟通和分享有助于减轻家长的自责感,从而增强家庭的适应力。

总之,本研究发现家长参与影响家庭适应,家长参与更可能通过提升家长与专业人员的关系提升家庭适应水平。家长教养效能感可预测家庭适应,但家长参与并不能直接改善家长的教养效能感来提升家庭适应。不过家长与专业人员的关系可以影响家长教养效能感,从而提升家庭适应。

第六章　家庭中心服务之探索

从前两章所呈现的研究结果来看,特殊儿童及家庭的社会公共服务体系不完善是制约特殊儿童家庭适应的一个重要因素;家庭中心服务的两个核心要素即家长参与和家长与专业人员的关系均能够显著地改善特殊儿童家庭适应水平,这些研究结果为我国推行家庭中心服务的必要性提供了实证依据。但是家庭中心服务起源于西方国家有其独特的社会文化基础。那么,在我国实施家庭中心服务是否可行呢?本章呈现了特殊儿童教育和康复机构专业人员对于家庭中心服务模式的看法,总结了在我国推行家庭中心服务的有利因素和阻碍因素。

本研究的数据来自于对武汉市六所特殊教育和康复机构的34名专业人员,还有两名来自省残联的工作者。这些专业人员受邀参加了主题为"家庭中心的特殊儿童早期干预服务"的工作坊,由澳大利亚悉尼大学的Gwynnyth教授和作者本人详细地介绍了家庭中心服务模式的基本理念,并以澳大利亚SDN特殊儿童服务中心的Key Worker模式为例向专业人员讲解了家庭中心服务的实践模式。之后分组对专业人员开展访谈以获得他们对家庭中心服务的看法,重点关注在我国实施家庭中心服务模式的有利和阻碍因素。本章呈现了小组访谈的结果。

第一节　实施家庭中心服务的有利因素

根据教师的反馈,在我国实施家庭中心服务存在一定的可行性,其主要原因:一是教师一致认同家庭中心服务的理念,重视家长和家庭在儿童发展中的核心地位;二是教师认为我国现有的家庭服务实践在很大程度上与家庭中心服务模式是契合的,也为推行家庭中心服务奠定了实践基础。

一、理念认同

所访谈的教师一致认同家庭中心的理念,认为在特殊儿童的教育和康复中家庭发挥着举足轻重的作用,所访谈教师所在机构均重视家长和家庭工作的开展。比如 G5P2(访谈第五组的第 2 号被访者)提到家庭是儿童生活最长久的地方,再优秀的教师也无法替代家长,必须鼓励家长参与儿童的教育。也有教师 G2P2 表示对于低年龄段的特殊儿童的教育和康复需要了解家庭,需要对家庭进行一对一的指导,她本人也在尝试家庭中心服务。G6P1 认为早期教育机构应推行家庭中心服务中的家长执行式干预模式,如在亲子课上,由教师指导家长,再由家长直接对孩子进行训练。G2P7 肯定了家长中心服务的理念,在访谈中描述了她所认为的家庭中心服务。

G2P7：我们老师要有这种家庭中心的服务模式的理念，需要有这样一种理念在我们心里，我们才能开始做。那么在这个过程中，可能从你刚开始接触到这个孩子，就要去了解她的家庭。然后思考以你目前的能力知识你能够帮到他们多少？可能以这个方面为出发点，我们可以给家长提供一些专业的知识的传授啊，以及他在家庭生活中如何去延伸、去教孩子呀，这是理论知识技巧这一方面，是我们可以给予支持的。再比如说碰到一些需要做行为矫治或者是配合力不够好的一些孩子，那么我们又可以作为专业人员进行一些建议。比如说在哪些生活情境下，我们可以锻炼到孩子的配合性，锻炼到整个孩子的互动性，去帮助他更好地配合到家庭里面的活动。当家长遇到一些其他的什么，比如说困惑的时候，比如说他的情绪会很反复，那么在这个过程中，我们的老师也可以给他们一些专业的不能说专业吧，就是聆听。完了以后再就是进行情感的疏导。因为我觉得家庭家长的情绪稳定了以后，才能够稳定到亲子关系，夫妻关系稳定，反正我觉得这方面我们是可以做的。

部分专业教师站在家长的立场，认为家长对家庭中心服务认同的可能性。教师认为，首先家长有意愿参与特殊儿童的教育和康复，家长希望在家庭中教育和帮助孩子学习。其次，家长可能会希望有一个服务的中间人帮助他们与专业人员和机构进行高效率的沟通。

G4P3：可行性啊，我觉得我们就是家长对于小孩子康复需求还是很大,就他们愿意,愿意让小孩子在机构里面去学,就是前景还是有,而且很大。因为学校呀,医院呐,现在都已经有专门的这种机构为他们去服务了,然后家长也很愿意就是自己去学一些东西,然后在日常生活呀,或者是在家庭生活中都愿意去给他们这么的一个帮助。

G7P3:站在家长的角度,我觉得家长还是很希望有一个中间人的角色,他会跟各方面沟通,跟康复师沟通,跟学校老师沟通,这是作为一个中间人的环节,我觉得这个是比较有可行的,因为大部分的家庭,无论是从经济考虑还是从自身学识,也就是刚才提到的家庭资源来考虑,它都是不统一的,也就是每个人的诉求都是不一样的,如果有这样一个中间人整合的话,我觉得还是蛮好的。

二、实践基础

专业人员认为家庭中心服务在我国实施的另一个有利条件是已有的一些家长和机构在探索家庭式的服务或者专门针对家庭的服务。根据所访谈的教师所述,目前特殊儿童教育和康复机构重视家庭服务,并且为家庭提供了多样化的服务,主要包括:一是为家长开设儿童语言训练、行为管理等专门课程,组织家长培训,其主要形式如定期的家长辅导、家长学校、开放学校网站资源库等,以提升家长教育知识和能力;二是鼓励家长参与儿童的评估以及学习计划的制订与修改;三是通过家长会、家校联系本、网络互动、面谈、家访等形式积极与家庭沟通互动;四是组织亲子活动如春游秋游、亲子运动会、六一活动等,促进教师与家长以及家长与家长之间的联系。教师所描述的这些机构已有的家庭服务形式多样,可以看出目前教育和康复机构在家庭服务方面所做的努力,这为实施和推广家庭中心服务提供了实践基础。

除了教师所在机构的家庭服务实践,教师也提到了在全国出现的零星的家庭服务项目,这些服务在某种程度上与家庭中心服务的理念和实践类似,可以作为实施家庭中心服务的基础。有教师(G4P4)提到由家长开办的"家庭沙龙",即将自闭症孩子组织起来进行居家康复,在家庭的环境中由家长为孩子开展家务、社交和其他的生活技能训练,提升孩子的生活适应能力。该教师认为这一服务模式在家庭环境下开展,由家长任教师实施教育,着眼于提升儿童家庭生活适应能力,可以看成家庭中心服务在我国的一种探索。也有老师(G4P1)提到了在特殊学校和普通学校特殊学生的陪读教师(又叫影子教师)类似于澳大利亚家庭中心服务的 key worker 模式,陪读教师在学校、社区等环境中为学生提供看护、行为习惯培养、学业补习、社会交往等全方位的支持,并与学校人员沟通协调,帮助特殊学生尽快地适应学校生活。陪读教师往往由家长担任或者由家长雇用社会人员担任,并且也是在日常的学校或社会生活中为儿童提供支持,与家庭中心服务类似。也有部分教师提到了一些特殊儿童康复教育机构也在尝试为家庭提供服务,为家庭赋能。

G6P2：所以像青岛的一些机构，他们就培训家长。你只来待两个月、三个月或者几个月，就回去就毕业了，你就不要在机构待了。他们就培训家长。

G6P1：对啊，那个培训家长，让家长给孩子上课吗？

G6P3：但是你家长在这里学，孩子也可以放在机构里。几个月你毕业了你就回去，你不用在这边租房子呀。可能妈妈跟孩子在这边，其他人在别的地方。就是说和家人分开了，孩子就没有归属感。

访谈者：那么家长回去之后遇到困难又怎么处理呢？

G6P1：他们有那个网络，现在网络方便。

G6P3：他会有网络的学习，后期他都会有。

G6P1：而且可以让举办方进行一个回顾。留下保持联系的一个方式。并不是说毕业之后就不联系了。

G6P3：就是那个网络。

G6P1：包括现在各个学校不是在建立自己学校的资源库吗？这个我们学校在去年开始就已经办了。

家庭中心服务强调家庭在儿童发展中的核心地位，通过建立家长和专业人员之间平等的合作关系、鼓励家长自我决策和参与，为家庭赋权增能。Dempsey 和 keen（2008）的研究发现家庭中心的理念被心理学、教育学、医学等众多领域的专业人员所认可和接受，本研究的结果也支持了这一结果。本研究中的专业人员和教师认为家庭中心服务在国内推行是可行的，首先教师普遍认同家庭中心的理念，重视家庭的作用；其次国内零散的家庭服务项目或实践可作为家庭中心服务推行的基础。但是正如教师所说，因为国情不同，在我国推行家庭中心仍然任重道远。

第二节　实施家庭中心服务的阻碍因素

虽然在我国实施家庭中心服务模式存在理念认同和实践基础等促进因素，但教师们也认为在我国的社会文化环境推行家庭中心服务模式存在一定的困难，其阻碍因素包括我国社会对特殊儿童和家庭的重视程度较低、特殊儿童家长和家庭的困难以及资源不足等。

一、传统观念

一些教师认为目前我国社会对特殊儿童和家庭不够重视，这会影响特殊儿童和家庭服务项目的开展，包括家庭中心服务。

G4P2：中国现在其实大部分人对特殊教育这一块还是不了解的，都不知道有这一块，孩子到外面也都不被看好，就是不被接受，大家的这个观念还没有转变过来。专业这一块或者父母这一块会比较重视这些孩子，但是其他人呢？他们知道这些孩子就是不一样的啊，他们会有一些偏激的看法吧，异样的眼光。

G7P4：我觉得中国（特殊教育）的发展比起有的国

家而言还是比较慢一些。

G7P3:也就是它对特殊儿童这一板块的关注比其他国家要落后一些。

G7P4:中国对特殊教育的关注度不高。

有教师(G6P4)认为,因为我国社会经济发展程度相对于发达国家比较低,对于特殊儿童和家庭不够友好,导致特殊儿童需要在机构中接受康复训练,增强能力以更好地适应社会,而不是如西方发达国家一样,由社会来适应特殊儿童,即根据特殊儿童和家庭的需要定制、提供相关服务,这是阻碍特殊儿童及家庭服务的观念上的障碍。更多的教师认为目前特殊儿童教育和康复仍然以机构中心为主导,这一模式在教育和康复训练中根深蒂固,短时间难以改变。首先教师认为在机构中心服务中,教师是专业的,是支持的提供者,家长是辅助的、是支持的接收者,两者本身是不平等的。在为特殊儿童制订服务计划时,也主要依据专业教师所提供的评估结果进行。

G2P7:比如说我们在做计划的时候,对吧,我们评估的听觉评估、语言评估、学习能力评估以及那个什么初次评估。好,评估完了计划出来了。结果差一个环节——给家长反馈。家庭成员的关系,家庭的经济状况,家庭的一些情况,能不能够进行实施,这块儿考虑得比较少。我们现在的康复就是老师的评估。老师评估了我们就来做这个计划,家长参与很少。没有和家长进行沟通交流、做计划。

教师还提出实施家庭中心服务面临的另一个现实挑战。因为目前特殊教育主要集中在义务教育阶段,早期教育比较薄弱,尤其是公立的教育和康复机构缺少,民办的、私营的特殊儿童康复教育机构在特殊儿童早期教育中发挥着重要作用。民办机构往往存在生存的压力,关注经济效益,因此教师担忧实施家庭中心服务会造成生源流失,损害民办教育和康复机构的切身利益。

G2P2:可能会牵扯到部分,就是说有些机构会考虑到,如果说孩子只是以这种形式在我们这得到他们想要的,以后就走了,造成一些生源流失。这是一个原因。

G3P1:可能还有很多知名机构考虑到自身生存发展的问题,他可能掌握了这些资源,但是不愿意交给我们家长,他是从生存的这个角度考虑的。

G6P1:说直白点就是说自己的利益流失了,毕竟谁都要生存下去,这个你应该也知道。所以说我想的话就是在目前可能接受这种概念的话会非常困难,想要开展起来的难度有点大。

因此,本研究的教师认为机构中心服务在很长的一段时间内仍然会在特殊儿童教育和康复领域占据主导地位。家庭中心服务的实施要求专业人员与家庭分享权利,建立平等的合作关系,这势必会挑战专业人员在特殊儿童教育和康复中的权威(Bamm & Rosenbaum,2008)。葡萄牙的一项研究显示,要求专业人员接受并在实践中体现家长是儿童发展的专家这一观念是很有挑战性的(Pereira & Serrano,2014)。

在我国尊师重道的传统伦理中,教师历来被认为是儿童教育的专家,家长需要尊重教师在学校和教育中的决定,即便教师的权威在信息化时代有所削弱,但这一传统理念依然被广泛推崇。由此可见,建立教师和家长平等合作关系对国内的专业人员更为困难。

二、家长问题

在谈及实施家庭中心服务可能存在的困难时,教师们一致将矛头指向了家长或家庭在特殊儿童教育以及参与中存在的问题,包括家长的精力有限、家长的观念、家长的忽视、家长知识能力不足、隔代抚养等。

教师认为家长参与的一个现实问题是家长时间、精力有限。教师评论到养育一个特殊孩子增加了家庭医疗、教育、康复、看护等各方面的开支,从而给家庭带来了巨大的经济压力,因此需要父母双方工作才能承担高昂的日常生活、医疗和教育康复费用。他们认为家庭中心服务要求家庭投入更多的时间和精力参与儿童的教育和康复过程,就需要父母一方放弃工作,会导致家庭陷入经济困难,因此是不现实的。

G2P3:我国家庭的这个关系就是父母双方来供养这个孩子,才能让这个家庭比较好。不像国外,就一个父亲就能担当起整个家庭的经济重任。当需要抚养这样一个孩子,我们的一般做法就是母亲或者是父亲有一方留在家里专门照顾这个孩子。这就为家庭带来了非常大的经济负担。所以经济问题也是制约这种以家庭为中心的服务模式的一个非常大的障碍。

G2P6：因为这样一个孩子对一个家庭来说真的是，虽然也不能说是一种负担吧，真的会拖累整个家庭。如果说你想要完全是父母来管的话，你需要一个父母一方一直全天地去照顾这个孩子。另一方要不停地去外面拼命挣钱，才能支付起他这个培训呀、治疗啊等一系列的费用，支撑起整个家庭的费用。所以说这是很难的，他们没有时间去一直关注这个孩子怎么样。那正常家庭小孩儿也会说爸爸天天忙呀，天天挣钱呀，还是为了你好呀。正常家庭不也是这样，何况他们这些孩子。他们需要更多的关注，可是偏偏给不了更多的关注。因为他们需要花更多的时间来给他治疗和培训。

G4P5：在澳大利亚，一个父亲或者是一个母亲出去工作，她可以负担起整个家庭的家庭收入，所以可以没有后顾之忧，重点来和这个孩子相处，就造成了这个家庭环境更好地帮助了他。但是在国内，大部分的父亲和母亲要一起赚钱才能养活这个家庭。如果你想更好地康复这个孩子，就需要母亲或者父亲单独地待在家里。这个就造成了他们在经济方面有很大的阻碍或者困扰。这是我们国家国情决定的。

教师的言语中透露出家庭经济地位对于教育参与的重要性，认为家庭经济收入低的家庭难以参与到特殊儿童的康复和教育中。这在一定程度上体现了出教育机构对于来自社会经济条件较低的家庭的歧视，认为其无意愿和能力参与子女的教育和康复训练。但值得反思的是,当教育和康复机构以同样的参与标准要求处于不同社会经济水平的家庭时,势必会低估经济条件欠佳的特殊儿童家庭参与子女教育和康复的意愿和能力,从而导致低收入家庭被机构专业人员排斥。

教师认为家长不接纳自己的特殊孩子也是家长参与和开展家庭服务的一个重要限制。根据教师描述,依然有部分家长将自己的特殊孩子"藏着掖着",害怕让人知道后会引起歧视或偏见(G7P3)。有教师提到,家庭中心服务中可能需要对家庭进行上门服务,但是依据他们的经验,部分家长并不愿意特殊教师登门家访,因为特殊机构人员的到访就意味着向公众宣告了子女的特殊教育的身份和标签。

> G8P3:就包括我们的家访工作,我们都要上门送教,家长觉得"你经常上我家,不要去我家",家长连教师上她家都无法接受,怎么会接受一个社会工作者到她家里去呢?对不对? ……家长没有真正意识到(接受专业人员帮助的必要性)。如果我家里有一个这样的孩子,我也可能受传统观念的影响,不想让别人知道,我可能觉得面子上过不去。真正接受的可能是"90后"或者"00后",他们可能真的会接受,需要接受社会的帮助。就像有的家长说:"我家孩子14岁了,我怎么办呀,我以后该怎么办?"你都没有把你家孩子推出去,我哪知道你家孩子14岁,我也没有见过你家孩子,不知道你家孩子长什么样子,我也不知道你家孩子会什么,我怎么安排你以后怎么办呢?当家长说出

他的需求时,我们设法满足他们的需求;当家长不说出他们的需求时,我们满足不了他们的需求。

G9P2:像有的家长还会比较反感,像我们有时候做(家访)活动,要拍照片,做活动记录,他都不愿意自己的孩子有正面的照片。他很在意这一块儿。像很多家长,他们家里都有一个小的、正常的,能歌善舞,然后我们做活动的时候就想请他们过来看能不能互动一下,都不是很愿意。他自己接受度不是很高。有的家长,你去家里做家访,他会不高兴,因为他不想让街坊邻居知道他有这样的一个孩子。

多数教师还指出家长的参与意愿低也是造成家庭服务很困难的原因。教师们认为很多家长不愿意为孩子负责,通常以"太忙了"为借口,将孩子"甩给"机构和老师,不闻不问。家长的"不配合"会影响特殊儿童教育和康复效果,也使得机构在家庭服务方面的努力付诸东流。

G3P9:家长都是认为,我把钱交给这些机构啦,机构就要对这些孩子负责,我们就不管啦,就只要结果不要过程。然后在家里面跟他们说一些东西他们都不会听的。家里面跟他们说的一些东西他们不会去做,所有事情都是我们做,他们只看结果,看孩子怎么样了,而且隔一段时间关心一下,过一段时间又不关心了,就是想起来了就关心一下,没想起来就把孩子丢给老人带。

G6P3:我们随时会跟踪呀,我们机构会有,比如说,我今天教你回去在家里怎么去泛化,然后你教的你要发给我看。

G6P1:然后有时候这些是布置了的作业,家长不去履行,教了也是白教。

G6P3:有些家长就会觉得,他没有那个耐心去尝试,去继续坚持。

G6P1:所以就会出现,把孩子带过去,丢在那,自己去玩手机去了。孩子怎么样,那就是跟(他们没什么关系),他们只是负责把孩子送过来。

G8P3:家长的理念不一样。我开讲座,他不来,我能怎么办?我不能到他家里把他请过来吧?我跟他说孩子应该怎样教育,他左耳朵进,右耳朵出,不就是没用的吗?没有用呀!机构要做的是家庭教育,但是家庭教育应该父母去做,父母不支持,学校再怎么做也是没有用的。要改变的是家长,就像这种服务要进入家庭里,也要解决家长问题。

教师反映有些家长将自己看作消费者,机构的老师应该为孩子的教育和康复负全部责任,因此家长执行式的服务方式可能难以被这些家长所接受。

G6P1:这个要慢慢和家长沟通,尤其像现在,如果说随便找一家机构,一开始,家长会想,我来花钱是让老师来上课,而不是家长自己去上课,都会这样想。但是他们并没有想到就是我们这样弄了之后,获益的是他们自己。

G6P2:对的,你刚刚说的那个是真的,很多家长会觉得我们花钱是找老师来上的,不是我自己来上的。

他们没有转变观念就是——我学会了,就不用再继续花这个钱了。

G6P1:说了简单点,就是如果我懂这个我干嘛还来找你们机构啊? 就这么简单一句话。

从教师的描述中可以看出部分家长的教育观念比较落后,尚未充分认识家庭和家长的参与在特殊儿童康复和教育中的重要性。受传统的尊师重教的观念影响,家校分离的关系依然在教育中占据主流,主要表现在部分家长不愿意参与子女的教育,尤其是学校教育。在本书第五章呈现的调查研究发现特殊儿童家长在家庭参与的水平较高,但是对于家校交流、学校事务和学校活动的水平偏低。同时需要注意的是在这一模式下,学校和教育机构也无意愿让家长参与学校活动和管理等从而展开较高层次的合作。从被访谈教师的表述中可以看出在教师看来家长参与的角色就是在家里"配合"教师的训练和泛化,为家长提供的指导往往以"培训"的方式开展,这样的基于不平等的地位而提出的要求和指导可能无法满足多样化的家庭的需求,从而导致部分家长的排斥与拒绝。

部分教师并不同意"家长最了解自己的孩子"这一观点,他们认为很多特殊儿童家长缺少儿童发展、康复教育的知识。因家长教养和教育知识不足,使得他们并不了解自己孩子的"真实发展水平",从而抱有不切实际的期望。这一方面会导致家长无法有效地对儿童开展教育和康复训练,另一方面也使其无法与专业人员开展积极有效的沟通。

G8P5:他们可能不了解自己的程度、孩子的状况。

他们只是根据别人的孩子是什么样的,我的孩子就要达到什么样的目标。但是孩子和他的预期差很多,但是老师和他沟通时,他说:"我的孩子在家的时候什么都可以呀。"然而,他们又没有描述具体的问题。

G9P1:我觉得他们不是能很能承认自己孩子的缺点。孩子比方说有脑瘫呀、自闭症呀、唐氏呀,他们就是不会自己扣扣子呀,不会自己系鞋带呀,或者出去了不认路呀。包括一些很基础的,刷牙、洗脸,不是很熟练。有的孩子穿裤子都能穿反呀。这些生活中很基础的东西。像我们有时候会跟家长说回去了可以多认一下衣服的正反面呀,裤子正反面呀,家长就会一句话怼回来,我孩子会。就是他们不能接受自己孩子的缺点,就会觉得我的孩子很好。

G4P4:家长素质有些堪忧。孩子是不是真的认知很好,孩子是不是真的在那个层次,是吧。动不动就要衔接,动不动就要上学,有没有这个能力,自己孩子能力达没达到?刚刚老师说对孩子评估,但是家长认不认同?好多家长不认可,觉得自己孩子没问题,就是认知稍微慢了一点点而已。

G7P3:家长比如说跟康复师作交接的时候,她知道孩子有什么问题,想要他达到一个什么样的标准,但是她没法说得那么清楚明白,有时候沟通就有误区。

根据Hoover-Dempsey和Sandler(1995)所提出的家长参与的理论模型,家长的教养效能是影响家长参与的重要因素。当家长认为自己没有足够的能力参与和影响子女的教育时他们往往会将希望寄予专业人员。特殊儿童家长往往缺少特殊教育的知识和技能,本书第五章的调查研究显示特殊儿童家长的教养效能感处于中等水平。家长不是专业人员,受其自身知识、经验所限,其教养知识和技能缺乏是客观存在的问题,根据教师访谈结果可知,这也是造成家长参与水平低以及家长与专业人员关系紧张的重要因素。因此特殊儿童的教育和康复也需要将家庭纳入服务对象,提升家长的教养效能应是评量特殊儿童教育和康复的重要指标之一,而非将教养效能低的家长排斥在儿童康复和教育之外。

教师也提到了特殊儿童家庭的另外一个实际问题,即隔代抚养。这一问题在我国城乡均比较普遍,在农村地区随着城市化的发展,出现了留守儿童的问题,留守儿童普遍由祖父母来教养。在城市地区因生存生活压力大,父母双方没有精力照顾子女,也会请祖父母来参与照料。特殊儿童的照顾需求更高,因此特殊儿童家庭中隔代抚养的现象可能更为普遍。访谈的教师认为隔代抚养为家校沟通带来了诸多困难。第一,祖父母教养观念和方式不当,教师提到多数祖父母会溺爱孙子女,剥夺特殊儿童学习的机会,比如独立进食,或者干预和阻碍教师正常的康复训练。第二,祖父母往往年龄较大,因自身的身体状况无法充分参与到特殊儿童康复训练中。第三,祖父母的受教育水平较低,沟通不畅。这些问题在本研究对特殊儿童祖父母的访谈中也得到了部分的验证,特殊儿童祖父母也表示在参与残疾孙子女的教育和康复过程中存在教育能力有限等困难。

G8P1:比如说你让孩子摸一下地上的石头,家长都不乐意,多么脏呀什么的,都不敢让他碰,也不敢让他下地,出去玩恨不得都是抱着的。就是很多这样的情况,爷爷奶奶比较溺爱。特别是孩子这样的情况,家长会觉得比较亏欠,溺爱得比较过分。

G7P1:孩子大多会交给爷爷奶奶、外公外婆来带,爷爷奶奶、外公外婆更在意孩子的吃穿问题,并不怎么了解孩子的学习问题。你跟他爷爷奶奶沟通,他们可能不太懂,你跟他爸爸妈妈沟通,他爸妈可能不太了解,而且没有时间去完成我们所提供的建议,无法做到配合。

从访谈结果来看,教师普遍认为很多特殊儿童家长无意愿也无能力参与特殊儿童教育和康复,更无法与教师建立平等的合作关系。教师将这些问题归结于家长的经济压力、家长的理念落后,以及家长知识技能欠缺等。这和Bailey等人(1992)的研究一致,专业人员认为家长的问题是家庭中心服务遇到的最大的问题。这一研究结果一方面表明提升家长的参与意识和能力在推行家庭中心服务中的重要意义;另一方面也暗示出教师和专业人员有必要反思自身对于特殊儿童家长和家庭的理念和理解。可能教师认为家庭中心服务仅仅适用于受教育良好的、富有的和积极的家长或家庭。Dodd等人(2009)将这一类家庭称为“理想型家庭”(Ideal Families)。但是需要注意的是,家庭中心服务尊重特殊儿童家庭的多样性,倡导基于家庭优势的服务,而不是假设所有家庭都有能力和愿望积极投入和参与儿童的服务。家庭中心服务并不是将专业人员和教师的责任转移到个别家长或家庭身上,而是致力于建立双方共同的责任,为家庭提供灵活的服务使其适应家庭的需求和家庭常规生活。在家庭中心服务中,家长有权利根据自身和家庭的状况选择何种程度和何种方式参与。家庭中心服务鼓励家长和家庭以自己期望的程度参与,鼓励家长和家庭利用已有的优势并努力提升家长和家庭帮助儿童学习和发展的能力(Dunst & Trivette,2009)。

三、资源不足

教师认为限制家庭中心服务实施的另一个阻碍因素是现有的特殊儿童及家庭的教育和康复资源不足,包括专业人员的不足以及相关的政策和资金支持有限等。老师对于澳大利亚家庭中心服务的Key worker模式感兴趣但同时认为在我国实施此模式必然困难重重,首要的问题是专业人员的缺乏。教师解释他们所服务的机构里专业师资数量严重不足,但所服务的儿童数量较多,现有的教师队伍无法为儿童提供个别化的家庭中心的干预,甚至没有自由的时间与家长做充分的沟通。在部分特殊儿童康复和教育机构中师生比达到了1∶6或1∶8,教师表示"学生多,老师少,供不应求(G7P4)"。除了教师队伍的数量不足,教师也认为现有的师资专业水平有限,难以找到"合适的老师"。

G6P1:机构里面怎么说,排课中间间隔时间(G6P2说:很忙)就五分钟,很短,根本没有时间和家长沟通。

G6P2:没有足够的时间去听家长说他的那个状况的。

G6P1:包括自己给孩子上课也是,上完这节课就去见另一个孩子,真的,和孩子沟通时间一般只能是一天的最后的一节课,快下班的时候的时间段,那个时间和家长好好地去聊一下。

G5P1:教授(悉尼大学 Gwynnyth 教授)所讲到的能够做到家庭的这种模式的话,我们也是非常期待的,但是如果要去做的话,他不是说随随便便就能够做到的,他必须要求这个人(专业人员),首先必须是要专业……他所做的必须要尽量建立在一个客观的(基础上),去应用这个行为干预的方法去教导这个家长……对,困难就在这里。其实,就算是在(城市)……我觉得这个模式也非常非常的理想,对老师、对指导人员的要求还真是蛮高,因为首先要进入到家庭吧,可能他作为一个从业人员,首先要有一些专业的技能,他还要懂得一定的专业伦理这一方面的知识吧。

跨专业团队合作是澳大利亚家庭中心服务的一个重要特征。家庭中心服务的团队成员来自教育、康复、医疗、社会工作、家庭等各个领域的专业人员,共同为特殊儿童和家庭开展需求评估、制订服务计划,并选择团队成员之一作为主要服务提供者负责计划的实施和反馈等。在跨团队合作中专业人员之间的合作交流是深入的、充分的,每一个专业成员除了具体自身专业领域必需的知识和技能之外,还需要具备其他专业领域基础的知识和技能,才能实现"跨专业"的交流与合作。团队中服务的主要提供者兼有联络者和干预者等多重身份，要求除了跨专业的知识技能之外，还需要具备良好的沟通协调能力和丰富的实践经验。在本研究中访谈的教师和行政人员均认为目前我国特殊儿童教育康复尚缺少多专业的团队。如省残联的行政人员指出要实施家庭中心服务，首要条件是建设一个跨专业的服务团队。

> OFFICER 1：实际上我们倡导的康复中，我们讲的是一个团队的概念，跟今天老师介绍的是一样的。我希望我们的团队里有心理治疗师，有辅具的，包括假肢矫正师、社会工作者，包括政府官员，就是像我这种身份的人，我们希望是有这样一个团队的概念。当然团队的领袖应该是一个康复医生。里头应该有康复医生，还有物理治疗师、言语治疗师、作业治疗师等之类的，我们是希望有这样一个团队。实际上，在我们机构里面是没有这样专业的设置的。老师今天分享的实际上是首先我们要有这样一个团队，然后在这个团队里面找一个老师作为主要工作者来和家长进行沟通。大概就是这么一个意思。所以我们要做的是首先要有这样一个团队。

除了专业人员数量不足，一些教师提到在当前我国特殊儿童教育和康复的专业人员散落在教育、医疗、残联等多个机构，各机构之间应通力合作为特殊儿童和家庭提供高质量的全方位的服务。但在现实中，各机构各自为政，机构与机构之间、专业人员之间通常缺少联系与合作，单独依靠某一个机构的力量难以推行家庭中心服务。

G2P7：机构是机构，医院是医院，学校是学校，对吧？我觉得这个团队的立足点应该是相同的，光一个机构想这样做，医生来吗，高校老师有时间来吗。如果是这样，医院、机构都融合不到一起，成为一个综合的专业的团队，这就是我们一个机构开的要求。一个机构不能把所有的专业人员都拢到一起去，建立一个专业团队。

G9P1：因为他们那个有系统的专业人员和专业团队，而我们来做这个事情是由我们的特殊教师本身来做。我们的老师既要做康复训练，又要做这些内容，所以和他们有很大的差别。他们（国外）可能就是有一个专门的领导者来做家长的访谈工作，和其他的康复师进行沟通，这样的。我们做这个的时候可能因为人力有限，所以说是（一个人）身兼数职。

除了专业师资队伍不足之外，教师均提到推行家庭中心需要考虑我国的行政体制。我国目前的行政体制是自上而下的，各类实践、实验项目的落地需要政府部门强有力的支持和指导，如制定相关政策鼓励和激励家庭中心服务。教师认为家庭中心服务只有得到了政府和残联部门的支持，康复和教育机构才会积极地响应和对照政策执行。

G2P7：我觉得最重要的还是政府立法，如果政府没有这样的政策，光靠哪个机构是做不了的。机构本身没有办法解决，需要国家强制力的推动。

G4P1：然后可能还有一点就是说，就是需要一个系统。就是整个国家把控有一个政策、一个系统，没有具体的人去做这一块。像一些小机构，没有一个可以依附的一个东西，比如专业知识，或者是培训，就没有一个能依附的东西，可能就是说自己做自己的，谁去从大体上去引导。

教师认为政府除了出台鼓励家庭中心服务的政策之外，还需要给予经济支持。教师认为国家需要投入资金，一方面需要国家的资金投入以招募特殊教育和康复专业人员，组建和扩大特殊儿童及家庭服务团队；另一方面，为现有的专业人员提供培训，提升特殊教育和康复专业师资质量；另外，国家的资金投入还可用于提升特殊教育和康复专业人员的待遇，增强该职业的吸引力，引入更多的人才从事特殊儿童和家庭服务。

G9P1：财力。对吧，这需要政府支持的是吧？尤其是像我们这样的公立机构。但是，国家拨款又只有那么多。所以呐，你要做起一些事情来的话，这些钱谁出，是不是？你没有钱的话，很多东西都实施不了。就比如说像我刚才说的，我们如果要组建这样的团队的话，就需要一个人来做这样的事情。那么这个人肯定要脱离我们日常的康复教学之外才能做这个事情，不然他怎么有这样的精力来做呢？是不是的？那么如果要有这样一个人的话，首先得有人出这份工资吧，这是最直接的。但是我们单位没有单独一个人能够做出这样的事情。因为我们就是教师，没有这样子的（编制）。就像我刚刚说了的嘛，我们都是身兼数职的。就是这个原因，所以，这就是一个财力问题。

G7P6：我觉得我们国家的经济支持还是落后了一点，家庭为中心（的模式）对于一个工作者来说，要一个治疗师去面对一个家庭、一个孩子，需要政府的经济支持。

G7P1：需要政府的支持，比如他去面对一个家庭，他的工资从哪里来？

G7P6：他的专业知识、培训啊，相当于是福利性质的，但是我们国家的国情还难以做到（支持）。

G4P1：对啊，最大的问题就是钱。其实你有钱了人也好请了，都愿意来了，老师也愿意来了，其实就是钱，就是经济，说白了就是经济问题。

访谈结果显示专业师资可能是制约家庭中心服务的一个重要因素。从理想状态来看，家庭中心服务提倡跨专业的团队合作，来自医疗、教育、康复、社会工作等各领域的专业人员密切合作为特殊儿童和家庭提供个别化支持。但是在我国特殊教育和康复人员，尤其是专业康复师如物理治疗师、作业治疗师、言语治疗师、行为治疗师等比较缺乏的。尤其是在儿童早期教育和康复阶段，民办机构作为特殊儿童早期干预的重要力量往往面临师资短缺以及师资流动性大等问题，这也为推行家庭中心服务提出了挑战。另外，同很多西方国家类似，我国现有的特殊儿童教育和康复服务各个机构和系统之间缺乏联系和合作，这也不利于跨专业团队的建设。除了师资资源，教师也提到了政策和资金资源，考虑到我国以自上而下为主的行政管理体系，新的实践和改变需要政策的支持和推动才能有效地展开，但是目前正如很多教师提出的,国家对于特殊儿童及家庭的重视程度还需进一步加强,在政策和资金等方面也需要予以倾斜。

本研究通过对特殊教育和康复机构的教师和残联行政人员的小组访谈分析在我国实施家庭中心服务的可行性。研究结果显示,特殊教育和康复教师普遍认为在我国实施家庭中心服务存在可行性,教师普遍认同家庭中心服务的理念,并认为该模式是特殊儿童教育和康复尤其是早期阶段教育和康复服务未来的发展趋势,并且国内现有的特殊儿童家庭服务项目也为实施家庭中心服务提供了实践基础。但是在我国推行家庭中心服务可能面临诸多不利因素,包括以机构中心服务为主导的传统观念,专业人员对家长和家庭的消极认识和评价以及现有的师资、政策与资金资源的不足等。

第七章　研究结论与建议

　　家庭是个体发展最紧密的、最重要的环境系统,家庭适应状况决定了儿童成长环境的优劣。但每一个家庭的发展都不是孤立的。依据生态文化理论,社会的文化价值观念会影响家庭的价值文化,社会的经济发展水平也会影响家庭维持生活常规所依赖的资源,反之家庭也有其主动性可以通过家庭文化和常规的构建影响和改变所生活的社会环境。因此,研究我国特殊儿童家庭需要将其放置在我国特有的社会文化背景之下。本研究即在社会文化理论指导下探讨我国特殊儿童家庭适应以及家庭中心服务在中国实施的必要性和可行性。本章将结合研究的结果,归纳提炼研究的发现、结论及未来研究的方向,并在此基础上提出在我国推行家庭中心服务以提升家庭适应水平的建议。

第一节　研究发现、结论与展望

　　本节将在特殊儿童家庭适应和家庭中心服务的调查基础上,概括我国特殊儿童家庭适应的特点,并以提升家庭适应为目标,根据研究结果探讨在我国社会文化背景下实施家庭中心服务的必要性和可行性,为家庭中心服务的本土化研究和实践的深化奠定基础。

一、研究发现

(一)特殊儿童家庭适应特点

根据生态文化理论,特殊儿童家庭适应的任务与普通家庭无异,即建立和维持有意义的可持续的家庭常规。可持续的家庭常规具有适切性、平衡性、意义、预测性等特点。通过访谈我们发现,特殊儿童家庭适应的特点主要表现为,第一,将特殊儿童的利益放在首位,在家庭支出、父母工作安排和时间安排等方面均优先满足特殊儿童教育和照顾的需要,表现出不平衡性。第二,特殊儿童家庭往往从家庭关系内部寻求生活的意义,竭力维持和谐友好的夫妻关系、亲子关系以及亲代关系等,他们倾向于家庭成员之间相互的理解和支持,维持有意义的生活常规。第三,特殊儿童家庭常规还表现出未知性和不可预测性,父母通常将未来寄托于子女身上,特殊儿童家庭也是如此,特殊儿童未来的发展和未来的生活安置的不确定性增加了家庭未来的不可预测性。第四,特殊儿童家庭已有的资源有限,不能够充分满足家庭成员和家庭整体发展的需求,在家庭内部家庭经济状况勉强维持家庭外部的社会支持体系不完善,降低了家庭抵御风险的能力。这些特点反映出特殊儿童家庭生活常规缺少可持续性,其主要原因可能是家庭之外的特殊儿童和家庭的支持系统缺乏,比如特殊儿童的医疗、教育、康复、托养等服务体系不健全,使家庭必须依靠内部的非专业的力量维持家庭常规。因此特殊儿童家庭适应亟须完善特殊儿童及家庭的专业支持,为其提供家庭中心的服务。

(二)在我国实施家庭中心服务的必要性

家庭中心服务是指支持和强化家庭能力以促进儿童发展与学习的特定实践原则和方法,它强调个性化和灵活性,在方案制订与实施中尊重家庭的决策,在支援过程中服务提供者与家长是伙伴关系,为家庭调动资源以提供必要的支持,目的是实现儿童在家庭中更好地成长,提升家庭适应水平。家庭中心服务的核心要素包括家庭和专业人员的合作、家庭选择、以家庭为关注单位、家庭优势、家庭需要和个别化服务。根据 Dunst 的研究,家庭中心服务有参与和关系两个维度。参与维度是指专业人员尊重特殊儿童家长的选择权和决定权,为特殊儿童家长提供机会参与特殊儿童教育和康复。关系维度是指专业人员尊重家庭和家长在儿童发展中的重要地位,承认家庭的优势,与家庭和家长建立平等的合作的关系。依据这一分类,本研究探讨了家庭中心服务的参与和关系两个维度对家庭适应水平的影响。通过调查分析,发现特殊儿童家长参与度越高,特殊儿童家庭适应水平越高,反之则越低。研究还发现家长参与可以改善家长与专业人员之间的关系从而提升家庭适应水平。家长与专业人员的关系显著影响家庭适应水平。良好的合作关系可以提升家长的教养效能感从而提升家庭适应水平。总之,根据研究结果我们可以得出家庭中心服务有利于改善特殊儿童家庭适应,为特殊儿童及家长提供家庭中心服务的必要性提供了证据。

(三)在我国实施家庭中心服务的可行性

家庭中心服务已在澳大利亚、美国、欧洲等国家和地区被当作促进特殊儿童和家庭发展的最佳实践方式,广泛应用于医学、康复、特殊儿童早期干预和教育、公共卫生、心理健康等领域。本研究在前人研究的基础上,通过实证研究对特殊儿童教育和康复专业人员和残联的行政人员进行小组访谈,剖析专业人员对实施家庭中心服务模式可行性的看法,聚焦家庭中心服务本土化发展可能存在的有利和阻碍因素。研究发现专业人员认为家庭中心服务在我国具有可行性,首先专业人员普遍认同家庭中心的服务理念,承认家庭在儿童发展中的重要作用。目前,特殊儿童教育和康复机构普遍重视家长参与,这成为推行家庭中心服务的理念基础。其次,专业人员指出现有的特殊儿童教育和康复机构所开展的家长培训、家校合作等服务,以及在全国范围内涌现的零散的家庭服务项目等均在一定程度上与家庭中心服务实践的要素类似,这为推行家庭中心服务提供了实践基础。但是专业人员也指出因为国情不同,在我国推行家庭中心服务可能面临着机构中心教育和康复观念方面以及师资、政策,及资金等资源不足的挑战。

二、研究结论

(一)家庭适应是家庭中心服务的基点

家庭适应是家庭中心服务的结果。不同于儿童中心服务模式将服务对象聚焦在特殊儿童本身,家庭中心服务强调家庭对儿童发展的影响,强调良好家庭环境的创设在儿童发展中的重要性,因此特殊儿童服务需要将家庭整体纳入服务范围,将家庭的发展结果作为衡量服务质量的核心指标之一。根据生态文化理论,家庭适应的根本任务是建立有意义的可持续的家庭生活常规。根据本研究的结果,特殊儿童家庭适应缺少可持续性,主要表现在过度依赖家庭内部资源,比如祖父母的支持,而家庭之外的社会支持体系的不健全。本研究的实证调查结果也显示家庭中心服务可以有效地改善家庭适应水平。因此,在我国推行家庭中心服务的必要性,在理论上和实证结果上均得到了支持。

家庭适应是家庭中心服务的起点。家庭中心服务要求尊重家庭优势和需要,为其提供个别化的服务。有效的家庭中心服务的前提是了解家庭环境,评估家庭需要。生态文化理论认为家庭生活常规为专业人员提供了评估家庭环境的一个窗口,专业人员可以通过分析家庭成员的日常活动即活动场景、活动对象、活动本身及活动动机等了解家庭的资源以及家庭文化价值理念。本研究通过对家庭常规的调查,发现特殊儿童家庭往往以特殊儿童为重,努力营造良好的和谐的家庭关系,说明在我国特殊儿童家庭中表现出传统的家本位理念,这一点可以成为家庭中心服务强有力的哲学基础,研究也发现了家庭对于社会支持的需求,因此家庭中心服务需致力于拓展和完善特殊儿童家庭支持网络。

(二)家庭中心服务具有可行性

共同理念和追求为基础。家庭中心服务的核心要素包括以家庭整体为关注单位、家庭选择、家庭优势、家长与专业人员的关系、家庭需要和个别化服务等几个方面。国外的研究一致发现专业人员认同家庭中心服务的核心理念，在本研究中我国的专业人员也对这些理念表示认同，他们认为家庭对儿童的发展是至关重要的，机构和专业人员需与家长积极沟通，建立良好的伙伴关系，尊重家长的选择，积极创设条件鼓励家长参与特殊儿童的教育训练等。更重要的是专业人员也认为他们当前也在努力实践这些理念，认为家庭中心服务必然是特殊儿童教育和康复未来的发展趋势。一个新的模式的推动首要的是被行动者所接纳，专业人员对家庭中心服务理念的认可为推广该模式奠定了良好的基础。

现实挑战和困境为动力。家庭中心服务模式起源于西方发达国家，有其自身的经济文化基础。以美国为例，家长是推动特殊儿童教育和服务变革的重要力量，美国1975年颁布的PL94-142法案将家长参与与零拒绝、最少受限制环境、免费的合适的教育、非歧视评估等教育原则并列成为特殊教育实施的法律准则，要求为特殊儿童制订个别化家庭服务计划，并规定了家长参与个别化计划制订和实施的一系列的权利。另外，美国也有针对特殊儿童和家庭的完善的服务系统，如在全国范围内建立了家长训练与信息中心等机构，为特殊儿童和家庭提供支持与服务。相比之下，我国对于特殊儿童家长权利方面的法律规定较少，且尚未形成相对完善的家庭支持系统，从本研究家庭访谈中可窥见一斑。因此，专业人员认为在我国推行家庭中心服务模式存在一些现实的困难，尤其是政策与资源缺乏。但是我们也看到国家和政府逐渐地加大了对于残疾人事业的投入，连续出台了三期特殊教育提升计划,完善特殊儿童和家庭的服务体系,其中就包括建设高水平的师资队伍。同时,国家也日益重视家庭在社会发展中重要性,尤其是出台了《家庭教育促进法》必将加速家庭服务系统的建设和完善。这些新的变化和形势成为推行家庭中心服务的动力。

三、研究展望

本研究通过混合研究的方法从生态文化理论视角探讨了特殊儿童家庭适应,以及家庭中心服务在我国实施的必要性和可行性,未来研究需要从以下几方面继续深化。

首先,本研究对于家庭中心服务模式的探讨,尤其是对其可行性的探讨主要通过质性访谈的方法,访谈对象仅限于武汉市特殊儿童康复和教育机构教师。未来可在本研究基础之上在全国范围内展开大规模的调查,一方面,摸底专业人员及家长对家庭中心服务的看法以及影响因素,另一方面从家庭服务中心的角度,对现有的特殊儿童和家庭服务项目进行评估。更大范围地调查需要编制家庭中心服务模式的评量工具。本研究中的量化研究对家庭中心服务的测量按照其参与和关系分维度分别进行的测量和分析,但其难以分析家庭中心服务的整体特质,国外虽然已有部分关于家庭中心服务模式的测量工具,如《The Measure of Processes of Care(MPOC)》(King, Rosenbaum & King, 1997)、《Enabling Practices Scale(EPS)》(Dempsey, 1995)等,但研究者需在我国文化背景下编制或修订适合国内专业人员和家庭的家庭中心服务测量工具,来分析相关人员对其可行性的看法以及对现有的特殊儿童教育和康复服务从家庭中心服务模式的角度进行评量,为后续的服务模式的探索提供实证基础。

其次,本研究仅探讨了家庭中心服务的可行性和必要性,未来研究需要在此基础上,进一步探索适合我国国情的具有可操作性的家庭中心服务模式。研究中所借鉴的澳大利亚的 key worker 模式,根据专业人员的访谈结果,因其对于教师的专业性要求高且需有跨专业合作的团队,并不适合我国当前的状况。但教师也提到我国当前已经出现了类似家庭中心服务的项目和尝试,如居家康复、送教上门、融合教育中的影子教师等,研究者可结合我国已有的家庭服务项目,开展深度的个案研究和行动研究,探索家庭中心服务的流程、方法、人员团队、评估等,分析其成效和推广价值。专业人员均提到家庭中心服务的推广需要国家政策层面的引导,虽然国家和政府目前重视特殊儿童家庭支持,但是正如 Espe-Sherwindt(2008)指出,没有确切的证据证明家庭中心服务是有效的且有章法所循,国家和政府就难以在政策层面做出实质性的推动。因此,未来需要加强对家庭中心服务模式的实证研究,进一步探索本土化的家庭中心服务模式及其在促进个人和家庭发展方面的有效证据。

第二节　家庭中心服务实施的建议

本节将根据研究的发现和结论,为在我国实施家庭中心服务提出建议和可借鉴的发展路径。

一、实施家庭中心服务，提高家庭适应水平

（一）关注特殊儿童家庭适应

目前，我国特殊儿童的家庭研究以及特殊儿童的教育、康复实践较多关注儿童或者家长个体发展，鲜有研究和实践将家庭整体作为对象。家庭中心服务作为国际最佳实践模式强调家庭整体在儿童发展中的重要作用，将家庭适应作为衡量特殊儿童服务质量的指标。我国特殊儿童的研究及实践，尤其是对低年龄阶段儿童的教育康复需转换思路，从儿童中心向家庭中心转变，通过制定相关的支持体系来为特殊儿童家庭提供个性化支持，评估当前的服务促进特殊儿童家庭整体发展的效果，并提升专业人员服务家庭的能力。

（二）评估特殊儿童家庭的需要

了解家庭的信息和需求是提供家庭中心服务的前提。在传统的研究和实践服务中，对特殊儿童家庭的需要往往采取的压力应对的视角，认为家庭需要集中在应对家庭压力和危机所需的资源和服务。家庭中心服务在生态学理论的指导下强调基于家庭优势的视角，家庭适应的任务是维持有意义的可持续的家庭常规。因此，对特殊儿童家庭需要的评估并不是了解家庭的压力源，而是考虑可供使用的资源以使家庭维持有意义的家庭常规，从事他们认为有价值和意义的日常活动。本研究所使用的《家庭生活访谈》是研究者根据生态文化理论所编制的测量工具，在本研究中所采用的修订版在国内家庭样本中也表现出良好的信效度，可以作为专业人

员评估特殊儿童家庭需要的工具。

(三)鼓励家长有意义地参与子女教育

家长的参与可以改善家长与专业人员的关系,进而提升家庭适应水平。但目前我国特殊儿童家长参与的主动性低、水平低且形式单一,限制了家长参与对于子女及家庭发展的积极作用。为此,专业人员应首先积极邀请家长参与,其次创新家长参与方式。家长的时间、精力有限,因此家长参与应不破坏且融入家庭常规,充分利用家庭的优势,鼓励家长以多元形式参与子女的教育。再次,深化家长参与的内容。家庭中心服务倡导信息分享、家庭自我决策、合作制定目标等,我国特殊儿童家长参与需从被动服从转为积极地平等地参与儿童发展和机构管理等方面的决策。

(四)建立家长与专业人员平等合作关系

本研究发现良好的合作关系可以转化为对特殊儿童家庭有效的专业支持,进而提升家庭适应。家庭中心服务要求专业人员的服务基于家庭优势、尊重家庭文化、分享专业权利和实现无障碍沟通。但目前我国特殊儿童康复教育的专业人员缺乏,特殊教育素养不足,很难满足家庭需要。特殊教育人员职前培养体系也鲜有关于与家庭有效合作的知识和能力储备。为此,国家和政府需要加强特殊教育从业人员培养和培训。在人才培养过程中普及家庭中心的理念和实践,将专业人员与家庭的合作能力作为从业人员的核心素养和必备技能。

总而言之,本研究结果支持家庭中心服务中的家长参与和家长与专业人员的合作两个要素在提升家庭适应中的重要作用。因此,未来的研究应更多地关注特殊儿童家庭整体发展,在实践服务中注重家庭在特殊儿童教育及干预中的地位,提高特殊儿童家庭的生活质量。

二、依据社会文化特色,探索本土发展路径

任何一种新的模式和实践都会面临诸多挑战。实践家庭中心服务可能会遇到传统观念的根深蒂固、专业人员的缺乏、政策和资源投入不足、家长教育素质和能力限制等困难。为探究我国特殊儿童家庭中心早期模式本土化的有效路径,作者建议分为理念先行、资源保障和试验推广三个阶段来实施。

(一)家庭中心理念先行

家庭中心服务的核心是专业人员和家庭之间平等的合作关系。平等合作关系的确立需要专业人员承认家庭在儿童早期干预中的核心地位,尊重家长的决定权和选择权。但传统医疗模式下的早期干预,专业人员被认为是"权威",主导着教育康复服务的制定和实施。在我国推行家庭中心服务的首要环节是改变专业人员所认为"教师即专家"这一传统认识,承认家长的重要地位,观念的改变是建立平等的相互尊重的专业人员和家长合作关系的基础。特殊儿童早期干预需从医疗模式走向社会模式,从隔离的结构化的环境走向开放的自然的学习环境,专业人员要与家庭分享专业权利,从专业权威转变为儿童和家庭的合作者和服务者。因此

在第一阶段需在国家政策的引领下转变观念,如在特殊儿童早期干预相关政策中突出家庭的功能和价值,在师资培养和培训中增加与家庭合作的理念和技能要求等。

(二)专业团队资源保障

跨专业团队合作是实施家庭中心早期干预的核心要素,但目前我国现有的特教师资培养多是面向义务教育阶段,专门面向0~6岁特殊儿童的康复和教育师资培养机制较为欠缺(王先达,2020)。师资短缺,尤其是康复师资匮乏,成为制约我国特殊儿童早期干预发展质量的关键环节。Dunst等人(2019)指出持续的专业人员培训提高从业者实施家庭中心服务的能力是家庭中心服务实施的关键。国家需加大投入培养专业的特殊儿童教育和康复的人才培养,扩充专业人员的数量,提升专业质量。国家和政府需要加强人员培训,培养一批高水平专门从事特殊儿童早期康复和教育的师资队伍。在人才培养过程中普及家庭中心的理念和原则,将合作能力,包括专业人员之间的合作,专业人员与家庭的合作能力作为从业人员的核心素养和必备技能。

统整和协调各部分和单位现有的专业人力资源,建立跨专业团队也是实施家庭中心服务亟须解决的问题。网络教学和远程办公在疫情期间及疫情后逐渐常态化。信息化手段可以解决专业人员和家庭时间分配的冲突,节约人力、时间、资源等成本。推行家庭中心服务可运用互联网、大数据、人工智能等技术搭建特殊儿童早期干预的资源、管理与服务平台。首先,建立常态化的远程办公和监测系统,通过互联网将散落在各个单位和机构的康复人员、教育人员、社会工作人员等整合起来，组建跨专业合作团队，对特殊儿童和家庭开展远程的评估和个别化家庭服务计划的制订，对服务主要提供者（或Key Worker）的执行情况进行监督和支持；服务主要提供者可利用该系统与家庭保持密切联系，进行远程的一对一或小组指导；其次，建立家庭教育信息资源库，包括优质教学和康复案例资源库、家长教育能力发展资源库、电子图书馆、儿童学习和训练评估库、家庭康复训练资源库等，为家庭赋权增能。

（三）由点到面试验推广

虽然我国目前尚未有教育或康复机构明确提出实施家庭中心服务，但我国特殊儿童早期干预已有的实践探索可为试行家庭中心服务提供基础。如特殊儿童的送教上门服务，特殊教育资源中心的巡回指导教师模式，融合教育中的"影子教师"，和一些特殊儿童早期康复和教育机构的实践性探索，如福建省厦门市心欣幼儿园的"专家进入家庭"模式（陈军、闫洁，2016），均在某种程度上体现了家庭中心的理念或者包含了家庭中心的实践要素。政府和残联等部门可以在已有的实践探索基础上，选择认可家庭中心理念的特殊儿童早期教育和康复机构开展试点，从点到面，逐步推广适合我国国情的家庭中心早期干预模式。

参考文献

白雪,万谊,2015.特殊儿童家校互动模式的研究[J].教育现代化,(05):54-57.

常俊玲,徐艳杰,孙波,2005.家长参与对小儿脑性瘫痪康复疗效的影响[J].中国临床康复,(11):158-159.

陈军,闫洁,2016.构建与实施特殊儿童家庭康复支持模式[J].现代特殊教育,(15):21-22.

陈夏尧,李丹,刘荣莲,等,2013.智力障碍、孤独症儿童家长心理压力及相关因素对比研究[J].中国康复理论与实践,19(06):572-574.

付忠连,胡金秀,黄存泉,2017.南昌市民办特殊儿童教育康复机构现状与对策研究[J].科教文汇(中旬刊),(08):119-120+134.

关威,曹雁,2010.家长参与智力障碍儿童教育康复的现状调查[J].中国康复理论与实践,16(02):177-179.

关文军,颜廷睿,邓猛,2015.残疾儿童家长亲职压力的特点及其与生活质量的关系:社会支持的中介作用[J].心理发展与教育,31(04):411-419.

贺荟中,林海英,2013.自闭症儿童母亲社会支持网络构成及有效性研究[J].中国特殊教育,(11):43-47+69.

贺荟中,2011.听觉障碍儿童的发展与教育[M].北京:北京大学出版社.

何侃,2015.特殊儿童康复概论[M].南京:南京师范大学出版社.

黄晶晶,刘艳虹,2006.特殊儿童家庭社会支持情况调查报告[J].中国特殊教育,(04):3-9.

韩梅,2005.特殊教育学校家长参与情况的研究[J].中国特殊教育,(09):8-12.

黄平,2017.父母社会支持、父母自我效能与智力障碍儿童社会适应的关系[D].上海:上海师范大学.

胡晓毅,2005.论特殊需要儿童家庭与专业人员合作的几个核心问题[J].中国特殊教育,(12):7-11.

纪文晓,2017.中国家庭抗逆力:基于罕见病儿童家庭系统的研究[M].北京:社会科学文献出版社.

安·特恩布尔,2017.合作与信任:特殊教育中的家庭、专业人员和儿童[M].6版.江琴娣,等译.上海:上海人民出版社.

雷秀雅,杨振,刘愫,2010.父母教养效能感对自闭症儿童康复的影响[J].中国特殊教育,(04):33-36+46.

李静,王雁,2015.学前残疾儿童家长亲职压力:社会支持与应对方式的作用及性质[J].中国特殊教育,(05):3-8+14.

李晓巍,刘倩倩,2019.教养效能与父母参与的相互作用关系:一项追踪研究[J].中国特殊教育,(02):74-83.

林绪奖,陶仲英,2016.家长参与特殊教育学校教育活动的实践探索[J].现代特殊教育,(12):54-57.

刘汶蓉,2021.活在心上:转型期的家庭代际关系与孝道实践[M].上海:上海人民出版社.

刘潇雨,2016.中国自闭症儿童家长教育服务模式探析——对现有模式的反思和再探索[J].中国特殊教育,(01):36-41.

马书采,2019.实施家庭中心范式早期干预实践:常规本位模式与项目评价[J].中国特殊教育,(04):17-24.

梅鹏超,2015.农村隔代教养的社会工作思维[J].重庆社会科学,(03):70-75.

孟维杰,2014.社会心理学[M].哈尔滨:黑龙江大学出版社.

莫妮卡·亨宁克,英格·哈特,阿杰·贝利著;王丽娟,徐梦洁,胡豹译,2015.质性研究方法 引进版[M].杭州:浙江大学出版社.

米括,2018.融合教育背景下特殊儿童家长参与学校教育存在的问题及对策研究[J].兰州教育学院学报,34(11):169-171.

潘威,赵楠,黄桂君,2020.家长介入自闭症早期干预的思路与展望——以PLAY项目为例[J].中国特殊教育,(01):60-64+72.

朴永馨,2014.特殊教育学辞典[M].北京:华夏出版社.

秦红霞,2017.污名化视角下的特殊儿童融合教育问题研究[J].常州工学院学报(社科版),35(02):113-116+120.

秦秀群,彭碧秀,陈华丽,2009.孤独症儿童父母的社会支持调查研究[J].护理研究,23(19):1725-1726.

秦秀群,唐春,朱顺叶,等,2009.孤独症儿童母亲的亲职压力及相关因素研究[J].中国心理卫生杂志,23(09):629-633.

申仁洪,2017.家庭本位实践:特殊儿童早期干预的最佳实践[J].学前教育研究,(09):14-24.

田文华,亓秀梅,2004.家长参与学校教育:英美等国的经验与启示[J].全球教育展望,33(08):78-80.

王玮,章政,2019.群体需求与自闭症教育资源的失衡——基于苏州市民办自闭症康复机构的研究[J].科教导刊(中旬刊),(23):158-159.

王先达,2020.师范专业认证标准下的学前特殊教育师资人才的创新培养[J].陕西学前师范学院学报,36(01):73-77.

温忠麟,叶宝娟,2014.中介效应分析:方法和模型发展[J].心理科学进展,22(05):731-745.

熊艳,2007.论我国教师与家长良好关系的构建[J].内蒙古师范大学学报(教育科学版),(02):144-147.

徐媛,2010.特殊儿童家长的心理弹性研究[D].上海:华东师范大学.

许岩,裴丽颖,2012.祖父母参与儿童教养的基本情况及其特点[J].学前教育研究,(1):60-66.

杨兢,2006.初中生父母教养效能感心理干预研究[D].重庆:西南大学.

姚璐璐,2009.上海市特殊儿童家长参与子女早期教育情况的调查及影响因素研究[D].上海:华东师范大学.

姚璐璐,江琴娣,2011.上海市特殊儿童家长参与子女早期教育的现状调查[J].中国特殊教育,(01):12-17.

姚小雪,刘春玲,2018.自闭症谱系障碍儿童家长参与教育的影响因素:国外近30年研究进展[J].基础教育,15(03):97-105.

曾松添,胡晓毅,2015.美国自闭症幼儿家长执行式干预法研究综述[J].中国特殊教育(06):62-70.

张盼盼,肖永涛,2018.杭州市民办听障儿童康复机构现状调查[J].中国听力语言康复科学杂志,16(01):55-57.

赵梅菊,2021.困境中的突围:自闭症谱系障碍儿童家长抗逆力发展研究[M].北京:北京理工大学出版社.

赵梅菊,肖非,邓猛,2015.自闭症儿童适应行为发展特点的实证研究[J].教育学术月刊,(08):75-81.

郑红颖,孙梅,吕军,等,2021.基于全面康复视角的残疾儿童照护需求分析[J].中国康复理论与实践,27(10):1117-1126.

周文娟,2019.自闭症谱系障碍幼儿家庭功能及其影响因素研究[J].数理医药学杂志,32(03):455-456.

周文叶,2015.家长参与:概念框架与测量指标[J].外国教育研究,42(12):113-122.

朱丽叶·M.科宾,安塞尔姆·L.施特劳斯,2015.质性研究的基础:形成扎根理论的程序与方法[M].重庆:重庆大学出版社.

朱永新,2020.新家庭教育论纲[M].长沙:湖南教育出版社.

ADAMS, D., HARRIS, A.JONES, M.S, 2016.Teacher-parent collaboration for an inclusive classroom:Success for every child.Malaysian Online Journal of Educational Sciences, 4(3):58-71

ALLEN R I, PETR C G, 1996.Toward developing standards and measurements for family-centered practice in family support programs[J].Redefining family support:57–84.

AZAR, M, 2006. The Adaptation of Mothers of Children With Intellectual Disability in Lebanon[J].Journal of Transcultural Nursing, 17(4):375-380.

BAKER B L, BLACHER J, CRNIC K A, et al, 2002.Behavior problems and parenting stress in families of three-year-old children with and without developmental delays[J].American journal on mental retardation, 107(6): 433-444.

BAILEY D B, RASPA M, FOX L C, 2012.What is the future of family outcomes and family-centered services? [J]. Topics in early childhood special education, 31(4):216-223.

BAILEY JR D B, BRUDER M B, HEBBELER K, et al, 2006.Recommended outcomes for families of young children with disabilities[J].Journal of Early Intervention, 28(4):227-251.

BAILEY JR D B, BUYSSE V, EDMONDSON R, et al, 1992.Creating family-centered services in early intervention: Perceptions of professionals in four states[J].Exceptional children, 58(4):298-309.

BAMM E L, ROSENBAUM P, 2008. Family-centered theory: origins, development, barriers, and supports to implementation in rehabilitation medicine[J].Archives of physical medicine and rehabilitation, 89(8):1618-1624.

BANDURA A, 1977. Self-efficacy: Toward a Unifying Theory of Behavioral Change[J].Psychological Review, 84(2):191-215.

BEELMANN A, BRAMBRING M, 1998.Implementation and effectiveness of a home-based early intervention program for blind infants and preschoolers[J]. Research in Developmental Disabilities, 19(3):225-244.

BENSON P, KARLOF K L, SIPERSTEIN G N, 2008.Maternal involvement in the education of young children with autism spectrum disorders[J].Autism, 12(1):47-63.

BENSON P R, 2015.Longitudinal effects of educational involvement on parent and family functioning among mothers of children with ASD[J].Research in Autism Spectrum Disorders, 11:42-55.

BRADSHAW C P, ZMUDA J H, KELLAM S G, et al, 2009. Longitudinal impact of two universal preventive interventions in first grade on educational outcomes in high school [J]. Journal of educational psychology, 101 (4): 926-937.

BREITKREUZ R, WUNDERLI L, SAVAGE A, et al, 2014. Rethinking resilience in families of children with disabilities: A socioecological approach [J].Community, Work & Family, 17(3):346-365.

BRONFENBRENNER U, 1979.The ecology of human development: Experiments by nature and design[M].Harvard university press.

BRONFENBRENNER U, MORRIS P, 2006.The bioecological model of human development. In W. Damon & R. M. Lerner (Eds.), Handbook of Child

Psychology (Vol.1, pp.793-828)[M].Hoboken,N.J.:John Wiley & Sons.

BROWN H T, 2002.Behavior Problems of Children With Autism, Parental Self-Efficacy, and Mental Health[J].American Journal on Mental Retardation, 107(3):222-232.

BRUCE L. BAKER, JAN BLACHER, KEITH A. CRNIC AND CRAIG EDELBROCK, 2002.Behavior Problems and Parenting Stress in Families of Three-Year-Old Children With and Without Developmental Delays [J]. American Journal on Mental Retardation, 107(6):433-444.

BUBIĆ A, TOŠIĆ A, 2016. The relevance of parents' beliefs for their involvement in children's school life [J]. Educational Studies, 42 (5): 519-533.

CALDERON R, 2000.Parental involvement in deaf children's education programs as a predictor of child's language, early reading, and social-emotional development[J].Journal of deaf studies and deaf education, 5(2):140-155.

CHAO P C, BRYAN T, BURSTEIN K, et al, 2006.Family-centered intervention for young children at-risk for language and behavior problems [J]. Early Childhood Education Journal, 34(2):147-153.

CHOU Y C, LIN L C, CHANG A L, et al, 2006.The Quality of Life of Family Caregivers of Adults with Intellectual Disabilities in Taiwan [J].Journal of Applied Research in Intellectual Disabilities, 20(3):200-210.

CHUNG G H, LEE H, LEE J, et al, 2015. A mediational model of school involvement, knowledge about a child's school life, and parental efficacy among South Korean mothers[J].Journal of Child and Family Studies, 24 (4):899-908.

D'ASTOUS V, WRIGHT S D, WRIGHT C A, et al, 2013. Grandparents of grandchildren with autism spectrum disorders:Influences on engagement[J]. Journal of Intergenerational Relationships, 11(2):134-147.

DAY R D, 2010.Introduction to Family Processes:Fifth Edition[M].New York: Routledge.

DECHILLO N, KOREN P E, SCHULTZE K H, 1994. From paternalism to partnership:Family and professional collaboration in children's mental health [J].American Journal of Orthopsychiatry, 64(4):564-576.

FISHMAN, C.E., NICKERSON, A.B., 2015. Motivations for involvement: A preliminary investigation of parents of students with disabilities[J].Journal of Child and Family Studies, 24, 523–535.

DEMPSEY I, 1995. The enabling practices scale: the development of an assessment instrument for disability services [J].Australia and New Zealand Journal of Developmental Disabilities, 20(1):67-73.

DEMPSEY I, KEEN D, 2008. A review of processes and outcomes in family-centered services for children with a disability[J].Topics in early childhood special education, 28(1):42-52.

251

DIANE D, 2000. Morton. Beyond Parent Education: The Impact of Extended Family Dynamics in Deaf Education[J]. American Annals of the Deaf, 145 (4):359-365.

DODD J, SAGGERS S, WILDY H, 2009. Constructing the 'ideal' family for family-centred practice: challenges for delivery[J]. Disability & Society, 24 (2):173-186.

DUNST C J, 2002. Family-centered practices: Birth through high school[J]. The journal of special education, 36(3):141-149.

DUNST C J, BRUDER M B, MAUDE S P, et al, 2019. Professional Development Practices and Practitioner Use of Recommended Early Childhood Intervention Practices [J]. Journal of Teacher Education and Educators, 8(3):229-246.

DUNST C J, BRUDER M B, TRIVETTE C M, et al, 2001. Natural learning opportunities for infants, toddlers, and preschoolers[J]. Young Exceptional Children, 4(3):18-25.

DUNST C J, HAMBY D, TRIVETTE C M, et al, 2000. Everyday family and community life and children's naturally occurring learning opportunities[J]. Journal of Early intervention, 23(3):151-164.

DUNST C J, TRIVETTE C M, 2009. Capacity-Building Family-Systems Intervention Practices[J]. Journal of Family Social Work, 12(2):119-143.

DUNST C J, TRIVETTE C M, HAMBY D W, 2007. Meta-analysis of family-centered helpgiving practices research [J]. Mental retardation and developmental disabilities research reviews, 13(4):370-378.

EMICK M, HAYSLIP B, 1999. Custodial grandparenting: Stresses, coping skills, and relationships with grandchildren [J]. International Journal of Aging & Human Development, 48:35-62.

EPLEY P, SUMMERS J A, TURNBULL A, 2010. Characteristics and Trends in Family-Centered Conceptualizations [J]. Journal of Family Social Work, 13 (3):269-285.

ESPE - SHERWINDT M, 2008. Family - centred practice: collaboration, competency and evidence[J]. Support for learning, 23(3):136-143.

FELDMAN M A, BYALICK R, ROSEDALE M P, 1975. Parents and Professionals: A Partnership in Special Education[J]. Exceptional Children, 41(8):551-554.

FENG, X-T., POSTON, D.L., WANG, X-T, 2014. China's one-child policy and the changing family [J]. Journal of Comparative Family Studies, 45:17-29.

FISHMAN C E, NICKERSON A B, 2014. Motivations for Involvement: A Preliminary Investigation of Parents of Students with Disabilities[J]. Journal of Child & Family Studies, 24(2):1-13.

FRANCIS G L, BANNING M B, TURNBULL A P, et al, 2016. Culture in Inclusive Schools: Parental Perspectives on Trusting Family-Professional

Partnerships [J]. Education and training in autism and developmental disabilities, 51(3):281-293.

GALLIMORE R, COOTS J, WEISNER T, et al, 1996. Family responses to children with early developmental delays. II: Accommodation intensity and activity in early and middle childhood [J]. American journal of mental retardation:AJMR, 101(3):215-232.

GALLIMORE R, WEISNER T S, KAUFMAN S Z, et al, 1989. The social construction of ecocultural niches: family accommodation of developmentally delayed children[J].American Journal of Mental Retardation: AJMR, 94(3): 216-230.

GAVIDIA-PAYNE S, STONEMAN Z, 1997. Family predictors of maternal and paternal involvement in programs for young children with disabilities [J]. Child Development, 68(4):701-717.

GIALLO R, TREYVAUD K, COOKLIN A, et al, 2013. Mothers' and fathers' involvement in home activities with their children: Psychosocial factors and the role of parental self-efficacy[J].Early Child Development and Care, 183 (3-4):343-359.

GILMORE L, CUSKELLY M, 2010. Factor structure of the parenting sense of competence scale using a normative sample [J]. Child Care Health & Development, 35(1):48-55.

GRANT G, RAMCHARAN P, FLYNN M, 2007. Resilience in families with children and adult members with intellectual disabilities: tracing elements of a psycho-social model [J]. Journal of Applied Research in Intellectual Disabilities, 20(6):563-575.

GREENE J C, CARACELLI V J, GRAHAM W F, 1989. Toward a conceptual framework for mixed-method evaluation designs [J]. Educational evaluation and policy analysis, 11(3):255-274.

HARPAZ G, GRINSHTAIN Y, 2020. Parent – teacher relations, parental self-efficacy, and parents' help-seeking from teachers about children's learning and socio-emotional problems[J].Education and Urban Society, 52(9):1397-1416.

HARTLEY S L, BARKER E T, SELTZER M M, et al, 2011. Marital Satisfaction and Parenting Experiences of Mothers and Fathers of Adolescents and Adults with Autism [J]. American Journal on Intellectual & Developmental Disabilities, 116(1):81-95.

HASTINGS R P, 1997. Grandparents of children with disabilities: A review[J]. International Journal of Disability, Development and Education, 44 (4): 329-340.

HOOVER-DEMPSEY K, SANDLER H, 1995. Parental involvement in children [J].Teachers college record, 97(2):310-331.

HU X, WANG M, FEI X, 2012. Family quality of life of Chinese families of children with intellectual disabilities [J]. Journal of Intellectual Disability Research, 56(1):30-44.

HUANG M, ZHOU Z, 2016. Perceived self-efficacy, cultural values, and coping styles among Chinese families of children with autism [J]. International Journal of School & Educational Psychology, 4(2):61-70.

HUANG Y P, WANG S Y, KELLETT U, et al, 2020. Shame, suffering, and believing in the family: The experiences of grandmothers of a grandchild with a developmental delay or disability in the context of Chinese culture [J]. Journal of family nursing, 26(1):52-64.

INGBER S, MOST T, 2012. Fathers' involvement in preschool programs for children with and without hearing loss[J]. American Annals of the Deaf, 157 (3):276-288.

KAHANA E, LEE J E, KAHANA J, et al, 2015. Childhood autism and proactive family coping: Intergenerational perspectives[J]. Journal of Intergenerational Relationships, 13(2):150-166.

KING G, STRACHAN D, TUCKER M, et al, 2009. The application of a transdisciplinary model for early intervention services [J]. Infants & Young Children, 22(3):211-223.

KING G A, ROSENBAUM P L, King S M, 1997. Evaluating family - centred service using a measure of parents' perceptions [J]. Child: care, health and development, 23(1):47-62.

KING S, TEPLICKY R, KING G, et al, 2004. Family-centered service for children with cerebral palsy and their families: a review of the literature[C]// Seminars in pediatric neurology. WB Saunders, 11(1):78-86.

LAU Y H, 2011. Parental involvement in early childhood education and children's readiness for school: a longitudinal study of Chinese parents in Hong Kong and Shenzhen[J]. Degree Thesis of the University of Hong Kong.

LEE M, EMMETT G J, 2014. A Qualitative Inquiry of Korean Mothers' Perceptions of Grandparents' Roles and Support for Families of Children with Severe Disabilities [J]. International Journal of Developmental Disabilities, 61(4):206-221.

LEE M, GARDNER J E, 2010. Grandparents' Involvement and Support in Families with Children with Disabilities[J]. Educational Gerontology, 36(6): 467-499.

LIU X, TO S, 2021. Personal growth experience among parents of children with autism participating in intervention[J]. Journal of autism and developmental disorders, 51(6):1883-1893.

LLEWELLYN G, BUNDY A, MAYES R, et al, 2010. Development and psychometric properties of the family life interview [J]. Journal of Applied Research in Intellectual Disabilities, 23(1):52-62.

LOTZE G M, BELLIN M H, OSWALD D P, 2010. Family-centered care for children with special health care needs: Are we moving forward? [J].Journal of Family Social Work, 13(2):100-113.

MAS J M, GINÉ C, MCWILLIAM R A,2016.The adaptation process of families with children with intellectual disabilities in Catalonia[J].Infants & Young Children, 29(4):335-351.

MCCABE H,2007.Parent advocacy in the face of adversity: Autism and families in the People's Republic of China [J]. Focus on Autism and Other Developmental Disabilities, 22(1):39-50.

MCCALLION P, JANICKI M P, KOLOMER S R,2004.Controlled evaluation of support groups for grandparent caregivers of children with developmental disabilities and delays[J].American Journal on Mental Retardation, 109(5): 352-361.

MCCONNELL D, SAVAGE A,2017.The Ecocultural Project of Family Life [J]. Working with Families for Inclusive Education: Navigating Identity, Opportunity and Belonging, 37(10):37-61.

MCCONNELL D, SAVAGE A, BREITKREUZ R, 2014. Resilience in families raising children with disabilities and behavior problems [J]. Research in developmental disabilities, 35(4):833-848.

MCCUBBIN M A, MCCUBBIN H I, 1996.Resiliency in families: A conceptual model of family adjustment and adaptation in response to stress and crisis.In H. McCubbin, A. Thomas, & M. McCubbin (Eds.), Family assessment: Resiliency, coping and adaptation - Inventories for research and practice (pp.1-64).Madison:University of Wisconsin System.

MCSTAY R L, TREMBATH D, DISSANAYAKE C, 2014. Stress and family quality of life in parents of children with autism spectrum disorder: Parent gender and the double ABCX model[J].Journal of autism and developmental disorders, 44(12):3101-3118.

MCWILLIAM, et al, 2000. Professionals' and families' perceptions of family-centered practices in infant-toddler services [J]. Early Education and Development, (4):519‐538.

MERRIAM S B,1998.Qualitative research and case study applications in education [M].San Francisco:Jossey-Bass Publishers.

MIEDEL W T, REYNOLDS A J, 1999.Parent involvement in early intervention for disadvantaged children:Does it matter?[J].Journal of School psychology, 37(4):379-402.

MILTON S, GAIL G, KAREN P, et al, 1997. Grandparents of Children With Disabilities: Perceived Levels of Support [J]. Education and Training in Mental Retardation and Developmental Disabilities,32(4):293-303.

MJELDE-MOSSEY L A,2007.Cultural and demographic changes and their effects upon the traditional grandparent role for Chinese elders[J].Journal of Human Behavior in the Social Environment, 16(3):107-120.

MURRAY M M, MEREOIU M, 2016. Teacher – parent partnership: an authentic teacher education model to improve student outcomes[J]. Journal of Further and Higher Education, 40(2):276-292.

MURRAY P, 2000. Disabled children, parents and professionals: partnership on whose terms?[J]. Disability & Society, 15(4):683-698.

NOONE R, KELLER M, 2020. Handbook of Bowen Family Systems Theory and Research Methods[M]. New York : Routledge.

OLSSON D H, SPRENKLE D H, RUSSELL C S, 1979. Circumplex model of marital and family systems: I. Cohesion and adaptability dimensions, family types, and clinical applications[J]. Family process, 18(1):3-28.

OLSSON M B, HWANG C P, 2001. Depression in mothers and fathers of children with intellectual disability [J]. Journal of intellectual disability research, 45 (6):535-543.

PATTON M Q, 2014. Qualitative research & evaluation methods: Integrating theory and practice[M]. Sage publications.

PEER J W, HILLMAN S B, 2014. Stress and resilience for parents of children with intellectual and developmental disabilities: A review of key factors and recommendations for practitioners [J]. Journal of Policy and Practice in Intellectual Disabilities, 11(2):92-98.

PEREIRA A P S, SERRANO A M, 2014. Early intervention in Portugal: Study of professionals' perceptions [J]. Journal of Family Social Work, 17 (3) : 263-282.

POPP T K, YOU H K, 2016. Family involvement in early intervention service planning: Links to parental satisfaction and self-efficacy[J]. Journal of Early Childhood Research, 14(3):333-346.

RITBLATT S N, BEATTY J R, CRONAN T A, et al, 2002. Relationships among perceptions of parent involvement, time allocation, and demographic characteristics: Implication for policy formation [J]. Journal of community Psychology, 30(5):519-549.

ROLL-PETTERSSON L, HIRVIKOSKI T, 2020. Needs of Grandparents of Preschool-Aged Children with ASD in Sweden [J]. Journal of Autism and Developmental Disorders, 50(6):1941-1957.

ROSSMAN G B, WILSON B L, 1985. Numbers and words: Combining quantitative and qualitative methods in a single large-scale evaluation study [J]. Evaluation review, 9(5):627-643.

SANDS R G, GOLDBERG - GLEN R S, 2000. Factors associated with stress among grandparents raising their grandchildren[J]. Family relations, 49(1): 97-105.

SELIGMAN M, DARLING R B, 2017. Ordinary families, special children: A systems approach to childhood disability[M]. Guilford Publications.

SINGER G H S, 2002. Suggestions for a Pragmatic Program of Research on

Families and Disability[J].Journal of Special Education, 36(3):150-156.

SKINNER D, WEISNER T S, 2007.Sociocultural studies of families of children with intellectual disabilities [J]. Mental Retardation and Developmental Disabilities Research Reviews, 13(4):302-312.

SOODAK L C, ERWIN E J,2000.Valued member or tolerated participant:Parents' experiences in inclusive early childhood settings [J]. Journal of the Association for persons with severe handicaps, 25(1):29-41.

STOCKMAN,N,2013.Understanding Chinese Society[M].Hoboken, NJ:Polity.

SU H, CUSKELLY M, GILMORE L, et al, 2017. Authoritative parenting of Chinese mothers of children with and without intellectual disability [J]. Journal of Child and Family Studies, 26(4):1173-1183.

SU H, CUSKELLY M, GILMORE L, et al, 2018. Perceptions of support in Chinese mothers of a child with intellectual disability [J]. Journal of Developmental and Physical Disabilities, 30(4):509-525.

SULLIVAN A, WINOGRAD, G, VERKUILRN J, FISH M C,2012.Children on the Autism Spectrum:Grandmother Involvement and Family Functioning[J]. Journal of Applied Research in Intellectual Disabilities, 25(5):484-494.

SUMMERS J A, GAVIN K, PURNELL-HALL T, et al,2003.Family and school partnerships:Building bridges in general and special education[J].Advances in Special Education, 15(15):417-444.

SUMMERS J A, HOFFMAN L, MARQUIS J, et al,2005.Measuring the Quality of Family-Professional Partnerships in Special Education Services [J]. Exceptional children, 72(1):65-83.

SYLVIA CLAVAN,1975.Families and Family Therapy by Salvador Minuchin[J]. Journal of Marriage and Family,37(3):683-684.

TETI D.M.& GELFAND D.M,1991.Behavioral competence among mothers of infants in the first year:the mediational role of maternal self-efficacy [J]. Child Development, 62:918-929.

TIM STAINTON, HILDE BESSER,2009.The Positive Impact of Children with Intellectual Disability on the Family [J]. Australian Journal of Mental Retardation, 23(1):57-70.

TODIS B, SINGER G, 1991. Stress and stress management in families with adopted children who have severe disabilities[J].Journal of the Association for Persons with Severe Handicaps, 16(1):3-13.

TRUTE B, HIEBERT - MURPHY D, 2005. Predicting family adjustment and parenting stress in childhood disability services using brief assessment tools [J].Journal of Intellectual and Developmental Disability, 30(4):217-225.

TURNBULL A P, SUMMERS J A, LEE S H, et al,2007.Conceptualization and measurement of family outcomes associated with families of individuals with intellectual disabilities[J].Mental Retardation and Developmental Disabilities Research Reviews, 13(4):346-356.

UNGAR M, 2011. The Social Ecology of Resilience: Addressing Contextual and Cultural Ambiguity of a Nascent Construct [J]. American Journal of Orthopsychiatry, 81(1):1-17.

SEGHERS N, VAN LEEUWEN K, MAES B, 2020. Family activities in families including a young child with a significant cognitive and motor developmental delay: An ecocultural perspective[J]. Journal of Developmental and Physical Disabilities, 32(1):155-185.

VADASY P F, FEWELL R R, MEYER D J, 1986. Grandparents of children with special needs: Insights into their experiences and concerns[J]. Journal of the Division for Early Childhood, 10(1):36-44.

WANG P, MICHAELS C A, DAY M S, 2011. Stresses and coping strategies of Chinese families with children with autism and other developmental disabilities [J]. Journal of autism and developmental disorders, 41 (6): 783-795.

WALSH F, 2015. Strengthening family resilience[M]. Guilford publications.

WANG M, SINGER G H S, 2016. Supporting families of children with developmental disabilities: Evidence-based and emerging practices[J]. Oxford Scholarship Online.

WEISNER T S, MATHESON C, COOTS J, et al, 2005. Sustainability of daily routines as a family outcome [M]//Learning in cultural context. Springer, Boston, MA, 41-73.

WOODBRIDGE S, BUYS L, MILLER E, 2011. 'My grandchild has a disability': Impact on grandparenting identity, roles and relationships [J]. Journal of Aging Studies, 25(4):355-363.

WANG M, PETRINI M A, GUAN Q, 2015. Evaluation of family-centred services from parents of C hinese children with cerebral palsy with the measure of processes of care[J]. Child: care, health and development, 41(3):408-415.

WOODBRIDGE S, BUYS L, MILLER E, 2009. Grandparenting a child with a disability: An emotional rollercoaster[J]. Australasian Journal on Ageing, 28 (1):37-40.

WILKINSON A M, 2013. Parent-teacher relationship, instructor self-efficacy and their effects on student goal attainment in special education [D]. TUI University.

YANG X, 2015. No matter how I think, it already hurts: self-stigmatized feelings and face concern of Chinese caregivers of people with intellectual disabilities [J]. Journal of Intellectual Disabilities, 19(4):367-380.

ZHAO M, FU W, 2020. The resilience of parents who have children with autism spectrum disorder in China: a social culture perspective [J]. International Journal of Developmental Disabilities, 1-12.